소중한 '나다움'을 찾아 주기 위한
부모 지침서

우리 아이 자존감 키우기

●●● 강승규 저

학지사

내가 나를 존중하는 아이로 키우세요

각자의 별에서 빛나는 아이들입니다!

사람들은 각자 자신만의 빛깔과 향기를 지니고 태어납니다. 아이들 하나하나는 모두가 자신만의 특유한 재능과 멋을 지니고 있습니다. 그것은 이 우주에 하나밖에 없는 특이한 것입니다. 어느 누구의 것과도 견줄 수 없는, 신비의 영역에 가까운 특이한 '나'만의 빛깔과 향기를 찾아 실현하는 일, 그게 바로 '나'를 찾는 일입니다. 여기에 많은 시행착오와 시련이 따릅니다. 그러므로 이 과정을 지켜봐 줄 수 있는 든든한 어른이 필요합니다. 아이가 세상에 태어나서 처음 만나는 사람이 엄마와 아빠입니다. 갓 태어난 아이는 오로지 엄마 아빠가 자신의 모든 것이라 생각하며, 엄마 아빠만을 맹목적으로 믿고 의지합니다. 아이는 인생에서 가장 중요한 것을 엄마 아빠에게서 배우기 시작합니다.

이제 막 걸음마를 배우는 아이를 본 적이 있으신가요?

아이는 걸을 수 있게 되기까지 보통 3,000번 정도를 넘어졌다 일어나기를 반복한다고 합니다. 아이는 스스로 완전히 걸을 때까지 많이 넘어지기도 하고 자주 다치기도 하지만 끝내는 해냅니다. 또 넘어질까 봐 겁이 날 텐데도 비틀비틀하면서 발을 떼고 눈앞에 있는 엄마 아빠에게 옵니다. 응원의 힘이 크겠으나 심정적으로 엄마 아빠를 믿고 있기 때문에 가능한 일일 것입니다. 훈련 시기가 지나 자신을 다리에 의지하는 힘이 생성되면, 아이는 비로소 혼자 걸을 수 있게 됩니다. 자신을 믿을 만한 힘이 있어서 가능한 일일 것입니다. 그렇지 못하면 발걸음을 뗄 수가 없을 것입니다. 걸음마를 뗀 아이는 좀 더 커서 수영에도 도전하고 어른이 되어서는 등산에도 도전할 것입니다. 수영을 배우는 아이가 수영장 물을 무서워하거나 가르치는 사람을 믿지 못하면, 물에 들어갈 수도 없고, 수영을 배울 수도 없습니다. 등산도 마찬가지입니다. 산을 오를 사람이 산길을 두려워하면, 더 이상 산을 오를 수가 없습니다.

이러하듯이 무슨 일을 추진할 때 '나'를 믿지 못하면 한 걸음도 앞으로 못 나갑니다. 나를 믿을 때 자신감을 얻게 되고 추진할 힘이 생겨납니다. '나'를 믿는다는 말에는, 첫째, '나라는 존재의 가치를 믿는 것', 둘째, '나의 능력을 믿는 것', 이 두 가지가 포함되어 있으며, 이는 사람이 살아가는 데 꼭 필요한 것입니다. 그리고 바로 이것이 '자존감'을 형성하는 개념입니다. 이 자존감이 없이는 어떠한 성과를 이루어 낼 수 없을 뿐만 아니라 행복감도 체험할 수 없습니다.

오래 묵은 큰 나무는 반드시 튼튼한 뿌리가 있습니다. 그 뿌리는 나무가 자라는 데에 필요한 물과 영양분을 대 줍니다. 또 그 뿌리는 거센 비바람에도 휩쓸리지 않고 곧게 자랄 수 있도록 나무를 지지해 줍니다. 뿌리가 깊게 박혀서 든든하게 버텨 주어야 나무가 잘 자랄 수 있습니다. 마찬가지로, 어지럽고 복잡한 세상에 놓여 있더라도 아이가 건강한 몸과 바른 정신력을 지키면서 살아갈 수 있는 힘은 바로 나무의 뿌리에 해당하는 '확실한 자존감'입니다.

우리 교육을 되돌아보면, 경제를 부흥시키는 일에 학교가 충실했고, 이후 우리나라는 경제 선진국에 진입했습니다. 기적을 만들어 냈으나, 교육의 다른 이면에서는 시험실력주의와 특정 학벌을 중요하게 여기는 의식이 자리하게 되었습니다. 개선되어야 할 부분입니다만, 이런 과정에서 참으로 소중한 것을 잃어버리고 있습니다. 그것이 무엇일까요? 바로 '사람의 가치'입니다. 교사도 사람이고 학생도 사람인데, 성적과 서열을 앞세우면서 정작 소중히 지켜야 할 '사람의 가치'가 학교에서 뒷전으로 밀리고 있는 현실을 부인하지 못합니다. 사람의 가치를 무시하는 교육구조가 안고 있는 더 심각한 문제는 '나'의 존재 가치가 묻힌다는 사실입니다. 학교가 지향하는 지적 코드와 맞지 않는 학생들은 존중받지 못하고, '이겨야 산다'는 경쟁교육 속에서 얻게 된 우월감과 열등감은 사람의 인격을 경시하는 쪽으로 문화를 퇴화시키고, 이를 탈피하지 못한 사람들의 삶은 죽는 날까지 평생 우열 경쟁의식에 시달리는 삶으로 이어지기도 합니다. 이는 불행한 삶이 아닐 수 없습니다.

존엄한 사람의 가치가 회복되어 '나다움'과 '너다움'이 존중되는 구조를 만들어 가는 일은 우리의 크나큰 과제입니다. '나와 너'가 행복을 느끼는 선진 문화를 만들어 가야 합니다. 가정에서, 학교에서 변화가 일어나야 합니다. 그런 속에서 희망이 보이기 시작했습니다. 사람들의 생각이 과거에 비해 달라지기 시작했고, 학교교육도 변화가 일어나기 시작했습니다. '나'의 느낌과 생각이 소중하고 존중받아야 한다는 의식이 많이 커졌습니다. 이와 관련된 대표적인 인물들로는 방탄소년단, 영화 〈미나리〉 출연진, 허준이 박사, 로봇 다리 김세진 선수, 손흥민 선수 등이 있는데, 이들은 자신만의 고유한 빛깔을 소중히 여기고 실현한, 자존감이 높은 사람들입니다.

저는 대학에서 오랫동안 교육철학 강의를 하면서, 부끄럽게도 뒤늦게(1980년대 후반) 찾아낸 용어인 '자존감' '나다움'이 사람에게 무엇보다 소중하다는 깨달음을 얻게 되었습니다. 그런데 학생들이 제 강의를 듣고 내면 깊이 자리한 우열의식에서 벗어나 '나'라는 사람을 정상적으로 바라보는 삶의 전환점을 찾으며 생기 있는 삶을 찾아 밝은 표정을 드러내는 모습을 지켜보기도 했습니다.

무엇보다도 '내'가 '나'를 믿고 '나'의 느낌과 생각을 소중히 존중하지 못하면 내가 나의 주인 노릇을 할 수 없습니다. 그런데 자존감은 어렸을 때 가정에서 그 터를 잡게 되므로, 엄마 아빠의 교육이 크게 중요하다는 점에 착안하여 엄마 아빠가 어떻게 아이의 자존감을 키워 줄 수 있을 것인가에 대한 내용을 담으려고 했습니다. 이 책은 이론서가 아니라, 가정에서 엄마 아빠가 아이에게 일상적으로 놓치기 쉬운 유의 사항들을 다루고 있습니다. 이 책이 아이 교육의 작은 지침 노릇을 하여, 아이가 구김 없이 자신의 삶을 밝게 이끌어 갈 수 있는 터를 잡도록 도와주신 엄마 아빠가 늘 곁에 계심을 느끼고, 아이 스스로 행복하고 성공적인 삶을 이끌어 가는 데 작은 도움이 되길 희망합니다. 책 아무 데나 펼쳐 보아도 아이 교육에 필요한 내용을 읽어 볼 수 있습니다. 중간중간에 교육에 도움이 될 만한 글들을 넣었고 사진을 넣었습니다. 이 책을 쓰면서 도움이 된 책들도 뒷부분에 밝혀 두었습니다.

책이 나오기까지 도와주신 여러분과 출판을 수락해 주신 학지사 김진환 사장님, 그리고 편집과 교정에 애써 주신 황미나 과장님과 김현주 대리님께 깊은 고마운 마음을 전하며, 황 과장님의 새 아이가 단단한 자존감을 얻어 행복을 즐기길 기원합니다. 고맙습니다.

2023년 5월

강승규 드림

엄마 아빠의 몫

강승규

내가 나를 좋아하지 않는데 누가 나를 좋아하겠습니까?
내가 나를 소중히 여기지 않는데 누가 나를 소중히 여기겠습니까?
내가 나를 존중하지 못하는데 누가 나를 존중하겠습니까?
내가 나를 믿지 못하는데 누가 나를 믿으려 하겠습니까?
자존감이 왜 필요한가에 대한 답은 명료합니다.

자존감은 '나'를 믿고 '나'의 가능성을 믿는 기질입니다.
아이가 스스로 자신과 자신의 가능성을 믿고 활기찬 삶을 살 수 있도록
돕는 일은 엄마 아빠의 몫입니다.
아이 스스로 '나'를 좋아하고 행복감을 갖도록 도와주는 일!
바로 그것이 엄마 아빠의 몫입니다.
아이 곁에는 자존감을 키워 줄 엄마 아빠가 필요합니다.

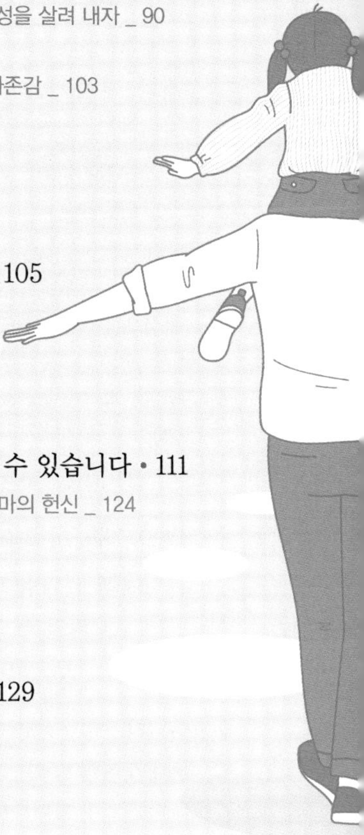

잘못을 저질렀을 때

저지른 잘못은 성숙을 위한 밑거름으로 쓰세요.

실패는 숨은 빛깔을 찾기 위함이다

수많은 실패 끝에 연잎 하나가 철판을 뚫고 나왔습니다.

어려움이 모두 실패로 이어지는 것은 아닙니다.

이렇게 살아 나온 연잎처럼 말입니다.

1. 아이가 큰 실수를 했을 때는 아이 자신이 먼저 창피하고 부끄럽게 생각하고 있는데, 거기에 추가하여 어른들이 꾸짖는다면 아이는 더 큰 상처를 받고 움츠러들게 됩니다. 아이의 아픈 마음을 먼저 보듬어 안아 풀어 줄 수 있다면 아이가 얼마나 좋아하겠습니까! 엄마 아빠가 해 줄 수 있는 일입니다. 넉넉한 엄마 아빠의 마음을 보여 주세요. 어른도 실수할 수 있듯이 어쩔 수 없는 상황이었다는 점을 먼저 말해 주고 아이의 입장에서 변명해 주세요. 아이가 완벽한 존재가 아니라는 점을 잊지 마세요.

2. 엄마 아빠가 아이의 기분을 상하게 할 정도로 잘못을 저질렀을 때는, 그것을 과감하게 인정하고 설명하면서 용서를 구하도록 하세요. 그래서 아이가 자신을 불쾌하게 한 사람들을 어떻게 용서하고 어떻게 잘못을 받아들일 수 있는지 그리고 타인을 불쾌하게 했을 때 어떻게 용서를 구하는지를 배울 수 있는 기회로 활용해 보세요.

3. 아이가 실수하거나 규칙을 어겼을 때 유의해야 할 점은 참았던 감정을 폭발시키지 않는 것입니다. 대신에 그 잘못에 대해 가르쳐 주며 대화를 나누어 보세요. 그리고 문제해결의 실마리를 찾도록 도와주고, 같은 실수를 다시 저지르지 않기 위해서는 어떻게 해야 하는가에 관해서 필요한 방안과 정보를 함께 이야기해 보세요.

4. 아이는 잘못을 저지를 수 있고, 때에 따라서 더 큰 잘못을 저지를 수도 있습니다. 그런데 그 잘못을 꾸짖기보다는 감싸 줄 수 있는 마음이 더 큰 사랑입니다. 사람은 완벽할 수 없다는 한계를 지니고 있습니다. 아이가 늘 저지를 수 있는 잘못을 감싸 줄 수 있는 마음을 갖도록 해 달라고 기도하고 다짐해 보세요.

5. 사람이므로 실수할 수 있습니다. 아이에게 완벽을 강요하지 마세요. 실수를 인정하고 그 실수를 보듬어 안고 디딤돌 삼아 다음에는 다시 반복하지 않도록 계도하는 것이 더 중요한 일입니다. 지나치게 완벽을 강조하면 아이가 활발한 생동감을 잃을 수 있습니다.

6. 우리 사회에서 가장 큰 비극 중의 하나는 실수는 용서받지 못하는 것이므로 절대 실수하면 안 된다는 엄한 가르침입니다. 그런데 깊이 생각해 보면, 실수하지 않고 훌륭한 사람이 될 수는 없습니다. 만일 실수하는 것을 두려워한다면, 아무런 일도 해낼 수 없습니다. 아이가 실수했더라도 감싸 주는 어른이 늘 아이 곁에 필요합니다. 어려움을 당했을 때 함께 있어 주는 사람처럼 큰 힘이 되는 것은 없습니다.

7. 실수는 아무나 할 수 있습니다. 실수할까 봐 새로운 것을 시도하지 못할 수도 있습니다. 사소한 것을 실수한다고

해서 실패자가 되는 것은 아닙니다. 영국의 윈스턴 처칠(Winston Churchill) 경은 실패할 때마다 다시 일어나는 사람이 위대한 사람이라고 말한 적이 있습니다. 맞는 말입니다. 사소한 실수로 인해서 좌절하여 다시 시도하는 것을 포기한다면 앞으로 살아갈 긴 세월을 잃어버리는 꼴이 되고 맙니다. 실수를 지혜롭게 처리하는 힘을 엄마 아빠가 키워 주세요.

8. 지난 세월 어른들이 잘못한 것을 후회하기보다 그 실수를 왜 하게 되었는가 하는 원인을 함께 찾아보고 그로부터 얻을 것이 무엇인가를 찾도록 하세요.

9. 문제가 발생했을 때는 아이의 입장에서 설명을 충분히 들어 주고 그 행동이나 언행에 관해서 깊이 생각할 수 있는 여유를 주어 스스로 판단할 수 있도록 하세요.

10. 아이가 학교 성적을 올리기 위해서 애써 노력하지만 좋은 점수를 받지 못할 경우, 나무라거나 꾸짖지 말고 아이가 이해하지 못한 부분을 찾아서 가르쳐 주고 좋은 점수를 받을 수 있는 방법을 알려 주세요.

최후의 피난처는 '나'

어려움에 처했을 때, 결국에는 '나'라는 존재가 최후의 피난처입니다. 참된 친구는 바로 '나' 자신입니다. 충실한 친구는 바로 나 자신입니다.

지혜로운 사람은 모든 것을 자신에게 찾으려고 애씁니다. 행복은 결국 내 안에 있습니다. 남들이 나의 행복을 가져다주는 것이 아니라 내 안에 나의 행복이 잠자고 있습니다. 나를 소중히 아끼고 믿고 존중할 때에 그 행복을 찾을 수 있습니다. 자존감이 높은 사람은 오직 '나' 자신을 믿고 이겨 내는 일에 집중합니다.

11. 아이가 잘못을 저질렀을 때, '내가 그렇게 하지 말라고 했잖아!' '또 바보 같은 짓을 했구나!'라고 말하면 안 됩니다. 대신에, 쓰다듬고 어루만져 주면서 그 행동에서 좋은 점을 찾아보도록 해 보세요. 나쁜 점은 덮어 주고 좋은 면을 더 찾아 말해 주세요.

12. 잘못된 행동을 했을 때는 보호하고 방어해 주는 것이 사랑입니다만, 반면에 그 행동에 대해서 책임지게 하는 것도 중요합니다. 잘못을 감싸 주는 것만이 능사는 아닙니다.

13. 아이가 본의 아니게 수치스럽고 실망스러운 면을 보일 때, 아이의 수치스러운 비밀을 엄마 아빠가 지켜 줄 수 있다면, 아이에게 큰 신뢰를 쌓는 일이 될 수 있습니다.

14. 수학이나 국어 또는 다른 과목을 지도할 때 한 줄 한 줄 꼼꼼히 자세히 설명해 주세요. 그러나 '틀렸어.' '잘 못 했어.' 라는 말보다는 '이제 정답에 가까워지고 있어.' '잘한다.' 등의 격려하는 말로 공부할 기분을 북돋아 주세요.

15. 아이가 학교 공부나 친구관계 또는 운동 등에서 엄마 아빠의 기대에 어긋날 때도 있습니다. 실망스러울지라도, 혹시 엄마 아빠가 아이에 대한 기대수준이 너무 높은 것은 아니었는지, 아이의 강점과 약점을 정확하게 인식하고 있었는지를 다시 확인할 기회로 삼아서 기대수준을 조정하는 기회로 활용해 보세요.

16. 아이가 독서를 하든 놀이를 하든, 아이가 한 일에 관해서 즉시 어떤 식으로든 표현하면서 인정해 주세요.

17. 아이가 해 놓은 일에 대해서, 어른의 수준에서 더 완벽한 기준을 대면서 꾸짖지 마세요. 크나큰 심리적 압박이 되어 자존감이 손상당하게 됩니다.

18. 아이가 어려운 상황에 놓였을 때는 용기를 북돋아 주면서 지나치게 부끄러워하거나 움츠리지 않도록 조심스럽게 관심을 환기시켜 주세요.

19. 사람들은 모두 실수할 수 있습니다. 아이가 저지른 잘못을 지나치게 나무라지 마세요. 크게 성공한 사람들도 실수했다는 점을 알려 주세요. 그리고 실수로 좌절하는 것보다는 실수했을 때, 용기를 내서 다시 일어나 일을 새롭게 추진하는 일이 더 큰 일이라는 점을 알려 주면서 격려해 주세요. 성공한 사람들은 많은 시행착오를 거쳤으며, 또 그것을 지나치게 자책하지 않고 수용하고 넘긴 사람들이라는 점을 알려 주세요.

20. 아이가 실패의 고통을 겪으면서 삶이 송두리째 흔들릴 때, 아이에게 긍정의 메시지를 줄 수 있는 가장 가까운 사람은 바로 엄마 아빠입니다. '엄마 아빠가 지금 네가 크게 어려움에 처해 있다는 것을 잘 알아. 그러나 더 좋은 상황이 올 거야. 너를 믿어.'라고 말해 주세요. 엄마 아빠에게 아이는 특별하고 매우 소중한 사람이라는 점을 느낄 수 있게 해 주세요. 아이가 어려움에 부닥쳐 있을 때 필요한 것은 바로 곁에 함께 있어 주는 일입니다.

다들 치부는 있다

'나'라는 사람에게는 좋은 점도 있고 나쁜 점도 있습니다. '나'를 존중한다는 말은 나의 나쁜 점도 잘 알면서 나를 감싸 안고 인정하고 존중한다는 뜻입니다. '나'를 존중한다는 말은 '나'라는

'사람'을 존중한다는 뜻입니다. 남들도 나와 똑같은 '사람'입니다. 그러니 다른 '사람'도 존중할 수 있어야 합니다. 남들의 나쁜 점과 좋은 점을 인정하고 감싸 안을 수 있는 사람이 자존감이 높은 사람입니다. 그는 나와 남을 함께 존중하는 사람입니다.

21. 아이가 중요한 발표에서 실수해서 억울해하고 실망에 빠져 있을 경우, 결과를 책망하기보다는 억울함에 공감해 주세요. 그리고 어려운 일에 참여한 것을 격려해 주면서 다음 기회를 준비하도록 하고, 마음을 안정시켜 주세요.

22. 아이의 활동에서 적극적이고 활달한 면을 찾아 칭찬해 주세요. 아이가 활기차게 활동할 힘을 북돋아 주게 됩니다.

23. 아이가 실수하거나 경쟁에서 뒤처져 있을 때는 화를 내거나 과잉반응을 보이지 말고 묵묵히 아이를 도와주면서 스스로 이겨 낼 수 있도록 지원해 주세요. 아이가 어려움에 부닥쳤을 때는 아이의 힘든 마음을 읽어 주면서 함께해 주는 어른이 필요합니다.

24. 친구들 앞에서 아이를 나무라면 아이가 굴욕감을 느끼게 됩니다. 아이의 자존심에 심한 손상을 입히게 됩니다. 나무랄 때는 혼자 있는 공간을 만들어 조용히 잘못을 알아듣도

록 설명하고, 다시는 그런 잘못을 하지 않도록 타일러야 합니다. 아이의 자존심을 보호해 주어야 합니다.

25. 어려움에 부닥쳐 있을 때 정작 필요한 것은 충고가 아니라 곁에 함께 있어 주는 일입니다.

26. 아이를 비평할 기회가 있거든 칭찬해 주고 격려하는 말을 잊지 마세요.

27. 때로는 아이에게 실패도 허용해 주어야 합니다. 그러나 다음에는 같은 문제가 생기지 않도록 그 실패의 원인을 구체적으로 찾아서 개선할 수 있도록 도와주세요.

28. 학교에서 아이가 잘못을 저질렀을 때, 쉽게 야단치려고 하지 마세요. 잠시 마음을 가다듬고, 평소 아이가 했던 일 중에서 잘했던 것을 떠올리면서 아이를 믿고, 아이의 입장에서 상황을 세심하게 경청하면서 해결의 실마리를 찾아보세요.

29. 아이가 잘못을 저질렀을 때, 너무 엄하게 꾸짖거나 소리 내서 나무라지 마세요. 어떻게 그 일이 일어나게 되었는지, 무엇이 잘못되었는지, 잘못이 일어나지 않게 하려면 어떻게 했어야 했는지를 깨달을 수 있도록 도와주세요. 만일 아이

가 방바닥에 물감을 엎질렀을 때는 혼낼 생각을 꾹 억누르고, 왜 엎질렀는지, 어떻게 지울 수 있는지를 알도록 하고, 아이 스스로 알아서 깨끗하게 치울 수 있도록 도와주세요.

30. 아이에게 하지 말아야 할 행동을 강조하기보다는 해야 할 행동을 더 강조해서 말하세요. 예를 들어, 도서관에서는 떠들지 말라고 하기보다는 조용히 해야 한다고 말해 주세요.

곁에 있어 주는 사람이 힘이다

무언가 잘못되었을 때, 세상이 무너지는 것 같을 때, 위기에 처했을 때, 필요한 것은 곁에 함께 있어 줄 사람입니다. 굳이 가족이어야 할 이유는 없습니다. 당장 힘든 상황을 버티어 낼 힘을 실어 주는 사람이면 어느 누구라도 좋습니다. 세상이 무너질 것 같을 때 필요한 것은 똑똑한 사람이나 훌륭한 충고가 아니라, 함께 있어 주는 사람입니다. 희망은 서로가 서로에게 힘을 주는 상황에서 나옵니다(Patsch, 2008, pp. 153-155).

31. 아이가 과소평가되는 상황이 올 수도 있는데, 아이가 이에 대해서 지나치게 신경을 쓰지 않도록 격려해 주세요. 돌발 상황을 상세하게 설명해 주고 어쩔 수 없이 일어난 피치 못할 상황이었다는 점을 알 수 있도록 하여 아이가 위축되거나 주눅 들지 않도록 해 주세요.

32. 사랑은 잘못을 감싸 주는 것입니다. 실수한 행동을 비난하지 마세요. 아이의 부족한 면을 찾아 말없이 도와주는 일이 엄마 아빠의 사랑입니다.

33. '넌 뭔가 부족해!'라든가 '덜 떨어졌다.'라든가 '덜덜이' '수다쟁이'와 같은 부정적인 말을 삼가세요. 아이들은 가끔 엄마 아빠 혹은 선생님이 바라는 대로 되기를 원합니다. 부정적인 표정이나 실망스럽다는 말을 들으면, 자존감에 크게 손상을 입게 됩니다.

34. 아이들은 뭔가 불안하고 두려울 때는 누군가가 자신의 말을 들어 주기를 바라고 사랑받기를 원합니다. 이럴 때를 놓치지 말고 함께 대화하는 것을 잊지 마세요. 아이의 불안을 해소할 수 있는 좋은 방법이며, 아이가 안고 있는 문제를 해결하는 길을 찾는 데에 큰 힘이 될 수 있습니다.

35. 성공이란 쉽게 오는 것이 아니라 긴 단련과 인내 그리고 고된 훈련의 결과로 얻어지는 것이라는 점을 깨닫게 하고, 아이에게 그 길을 잘 걸어갈 수 있도록 엄마 아빠가 함께 도와주고 지지해 주고 있다는 메시지를 주세요.

36. 어려운 일입니다만, 부모가 잘못했을 때 이를 감추기보다는 솔직히 인정하면 서로 투명한 관계를 쌓게 되고 신뢰가

더 두터워집니다.

37. 아이가 기대에 미치지 못한 성적을 받았을 때는 성적을 탓하기보다 그만큼 노력한 것을 칭찬해 주세요. '실수했구나!' '많이 노력했는데 점수가 안 좋구나! 괜찮아!' '다음에 더 잘할 수 있을 거야!' 등 앞으로 포기하지 않고 더 노력하는 것이 중요하다는 것을 알리고 용기를 불어넣어 주세요.

38. 만약 아이가 학교 수업에서 어려움을 겪고 있다면 유명한 사람들이 겪은 일들을 알려 주세요. 아인슈타인이나 처칠, 바보 빅터 등 유명한 사람들도 학교 성적이 그렇게 좋지 않았지만 사회에서 성공하고 유명한 업적들을 이룩했다는 사실을 설명해 주세요.

39. 아이가 실망스러운 성적을 가져왔을 때는, 야단치기보다는 아이의 아픈 마음을 쓰다듬어 주면서 함께 좋은 방안을 고민해 보세요. 먼저 아이가 생각하는 방안을 들어 보고 좋은 방안에 대해서 대화를 하여 찾아보도록 하세요.

40. 아이가 어려운 문제를 접했을 때는 응원해 주고, 믿고 기다려 주세요. 힘들더라도 해낼 수 있다는 뚝심과 믿음을 길러 주세요. 학교 숙제, 태권도, 축구, 야구, 피아노, 바이올린 등에 쉽게 싫증을 내거나 어려움을 겪을 때는 이겨 낼 수

있기까지 참을성을 가지고 극복해야 한다는 점을 터득할 수 있도록 지도해 주세요. 어려운 일을 해내야 큰 사람이 될 수 있다는 생각을 갖도록 알려 주세요. 어려운 일을 해결하고 이겨 내면 반드시 좋은 성과를 만들어 낼 수 있다는 마음과 믿음을 길러 주세요.

41. 엄마 아빠가 원하는 대로 아이들이 행동하기를 바라지만, 반드시 그렇게 안 되는 경우가 많습니다. 아이들이 엄마 아빠의 기대와 다른 행동을 할 수밖에 없는 상황을 맞이할 수 있으나, 결국에는 아이 자신만의 소질을 계발하도록 북돋아 주는 일이 엄마 아빠가 해야 할 일입니다.

42. 아이가 어리석은 행동을 했거나 실수를 했을 때 무심코 그것을 비웃는 것은 절대 금물입니다. 자칫 아이가 자신감을 잃을 수 있고 마음에 큰 상처로 남아, 훗날 성격 형성에 큰 장애로 남을 수 있습니다.

닭으로 키워진 독수리

"학교 성적이 뛰어나지는 못했지만 그래도 나에게는 가능성이 있어!"라고 말할 수 있어야 합니다. 남들이 원하는 모습이 되려고 안간힘을 쓰다가 결국 자기 자신을 잃어버리는 경우가 많습니다.

다음 글은 한 농가의 닭 우리 안에서 닭으로 길들여진 독수리가 다시 자신의 본래 특성을 되찾는 과정을 다룬 우화입니다.

한 농부가 산에서 어린 독수리 한 마리를 잡아 집에 가져와 닭, 오리, 칠면조와 함께 닭장에 집어넣고 닭과 똑같은 모이를 주고 키웠다. 5년 후에 어느 조류 연구가가 농부 집을 방문하여 말했다. "저 새는 닭이 아니라 독수리가 아닌가?" 그러자 그 농부는 "맞습니다. 제가 저 녀석을 독수리가 아니라 닭으로 키운 것이지요. 이제 독수리가 아니라 닭이에요."라고 말했다. 조류 연구가는 "저 새는 독수리의 특성을 지니고 있으니, 하늘을 높이 날 수 있을 걸세."라고 했으나, 농부는 "이젠 닭이 되어 버려서 날 수가 없을 것입니다."라고 했다.

두 사람 사이에 다툼이 있었으나, 조류 연구가는 포기하지 않고 독수리임을 믿고 독수리를 안고 지붕 위로 올라간 뒤에, "독수리야, 독수리야, 날개를 활짝 펴고 날아올라라!"라고 말했다. 하지만 독수리는 농장 구석에 모여 있는 닭 무리를 보고는 다시 사뿐히 내려앉고 말았다. 농부는 "제가 뭐라고 했습니까? 닭이 맞다니까요."라며 으스댔다. 그러나 조류 연구가 역시 고집이 만만치 않았다. "아니야, 저놈은 독수리야. 분명히 독수리야!"

다음 날 조류 연구가는 독수리를 안고 시내를 빠져나가 높은 산자락에 이르렀다. 황금빛 태양이 떠오르는 산봉우리에서,

"독수리야, 독수리야, 너는 분명 독수리란다. 너는 분명 이 땅이 아닌 하늘에 속한 새다. 날개를 펴고 날아올라라!"라고 했다. 독수리는 주변을 한번 둘러보더니 온몸을 부르르 떨었다. 조류 연구가는 독수리의 눈빛을 태양을 향하게 했다. 그때였다. 독수리는 불현듯 거대한 날개를 활짝 펼치더니 독수리 특유의 울음소리를 내면서 몸을 치켜올리고는 높은 곳을 향해 날아올랐다. 한번 날아오른 독수리는 내내 돌아오지 않았다. 아무리 닭으로 길을 들였어도 그 새는 독수리였던 것이다. 드디어 그의 잠재된 특성을 살려낸 것이다.

아프리카 민족들이여! 우리는 신의 형상을 따라 만들어졌노라. 우리는 닭처럼 생각하게끔 길들여져 왔으나 분명 우리는 독수리임이 틀림없다. 이제 날개를 펼치고 날아오를지어다! 먼 곳을 내다 볼 수 없게 만드는 눈가리개부터 떼어 내야 한다 (Patsch, 2008, pp. 95-99).

이러하듯, 나에게 숨겨진 빛깔과 향기를 찾기 위해서 새로운 길이 필요합니다. 용기가 필요합니다. 그리하면 신기한 경험을 얻게 될 것이며, 끝내는 삶에 대한 새로운 활력을 갖게 되어 남들이 모르는 자신만의 색깔을 찾게 될 것입니다.

격려와 칭찬

격려와 칭찬은 지친 삶의 활력입니다.

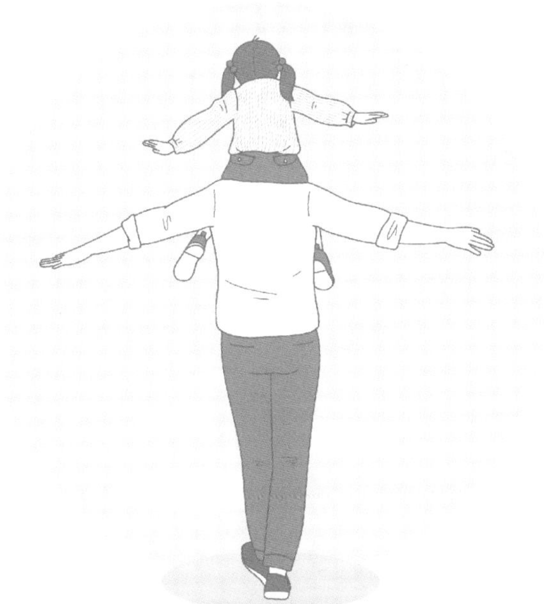

버려진 나무도 빛난다

베어진 나무토막에 빛이 들어 작품이 되었습니다.

인생에서도 좌절할 때가 있지만, 자신을 믿고 열심히 살다 보면

이렇게 빛을 볼 날이 있을 것입니다.

1. 자신을 신뢰하는 씨앗을 틔워 주세요. 아이가 낯선 일에서 어려움을 겪을 때, '참 잘했어!' '너는 더 잘 해낼 수 있을 거야. 엄마 아빠는 너를 믿어!'라는 말로 힘을 실어 주고 더 힘차게 해낼 수 있도록 북돋아 주세요. 엄마 아빠는 어려울 때 늘 도와줄 수 있다는 느낌을 주세요.

2. 아이가 학교에서 가져온 답안지를 검토할 때, '네가 매일 놀이시간을 줄이고 열심히 공부하더니 좋은 성적을 얻었구나!'와 같이 아이의 노력을 칭찬하는 말을 해 주세요.

3. 매일 밤 아이에게 사랑을 담은 말을 해 주세요. '오늘 참 잘했어!' '모든 것이 다 잘되어 간다!' '내일은 더 잘될 거야!' '내일이 밝아 온다!' '좋은 꿈을 꾸렴!' '잘 자!' 등등.

4. 위대한 사람이든 보통 사람이든, 어느 누구라도 진심이 담긴 칭찬에 감동하지 않은 사람은 없습니다. 아이에게 칭찬을 아끼지 마세요.

5. 아이에게 고맙게 느낀 점들에 관한 목록을 작성해 두고, 또 새롭게 좋은 점을 찾았을 때도 그것을 추가하여 기록해 두고, 아이의 재능을 바르게 계발할 수 있는 방법을 적어 두세요. 이를 자료로 하여 아이와 대화를 하면서 알려 주고 아이 스스로 자신의 재능과 장점을 확인하고 키워 갈 수 있도

록 하세요.

6. 아이가 참여하는 음악경연대회나 운동시합을 보러 갈 때는, '너는 잘할 수 있어!' '엄마 아빠가 응원한다!' '우리 ○○ 잘한다!'와 같은 색깔 피켓(아이가 좋아하는 색이라면 더 좋습니다)을 들어 응원해 주세요.

7. 학교 공부에 대한 기대나 노력에 관해서 엄마 아빠가 함께 공감해 주고 긍정적이고 적극적인 반응을 보여 준다면, 아이는 더욱 큰 성과를 만들어 내려고 애쓸 것입니다.

8. 아이의 느낌과 생각을 진지하게 이해하고 수긍해 주세요. 어른의 기준으로 쉽게 '그것은 너에게는 적합하지 않을 것 같아.'라든가 '네가 생각한 것만큼 좋은 결과를 만들어 내지 못할 거야.'와 같은 말로 아이를 무시하거나 비하하지 마세요.

9. 아이가 잘한 점을 꼼꼼히 챙겨서 칭찬해 주세요. 다른 아이들과 경쟁을 조장하지 말고 서로가 잘한 점을 부각시켜 칭찬해 주고 북돋아 줌으로써 서로 배우도록 하세요.

10. 아이가 어떤 일을 시작할 때는 구체적인 목표와 실행 계획을 세우고 그것을 성취하도록 격려하고 도와주세요. 매일 또는 매주 추진된 결과를 점검하면서 북돋아 주세요.

스스로 '나'를 좋아하고 '나'를 즐기고
내밀하게 '나' 자신에게 고맙다는 마음을 전할 수 있는 사람!
그가 바로 행복한 사람입니다.

11. 건강한 자존감을 지니기 위해서 아이에게 늘 칭찬이 필요합니다. 일을 잘했을 때나 지혜로운 결정을 내렸을 때는, 잘한 일의 내용을 자세히 설명하면서 마음에 있는 진심이 확실하게 전달되도록 칭찬을 해 주세요.

12. 싫증 나고 어려운 일일지라도 그 일을 통해서 새로운 경험을 체험할 수 있을 것이라는 부푼 기대감을 갖게 하여, 스스로 자신의 즐거움과 보람을 얻을 수 있도록 기다리고 보살펴 주세요.

13. 엄마 아빠가 아무런 말을 하지 않았는데도 해야 할 숙제나 일을 스스로 알아서 했을 때는 칭찬을 아끼지 마세요. 그 일이 얼마나 책임감 있는 일이며 어른스러운 일인가를 설명해 주세요. '네 일을 네가 스스로 알아서 했구나. 장하다!' '일찍 일어나 밀린 숙제를 했구나. 참 잘했다!' 등으로 칭찬해 주세요.

14. 아이와 집안일을 함께 할 때는 '잘한다!' '집이 깨끗해지네!' '너무 빨리하는 거 아니야? 쉬엄쉬엄해!' '시간을 아주 효율적으로 잘 쓰고 있구나!' '오늘 네가 자랑스러워!' '형(동생)과 협력을 잘하고 있구나!' 등등 칭찬을 해 주세요.

15. 아이에게서 드러난 좋은 점이나 나아진 점을 놓치지 말고, 꼭 격려해 주세요. 직접 말을 해 주기도 하지만, 짤막한 문자를 써서 침대나 거울에 붙여 놓아 주세요.

16. 아이가 어려운 일에 맞부딪쳤을 때는 그 어려움을 이겨 낼 수 있도록 '조금만 더 참고 지속해 보자!'라고 격려해 주세요. 게임에서 졌을 때는 안아 주면서 '다음에는 잘할 수 있을 거야!'라고 독려해 주세요. 어려운 일은 시간이 더 필요하다는 점을 설명해 주고, 멈추지 않고 지속하는 것이 더 중요하다는 것을 알려 주세요. '너는 해낼 수 있을 거야!' '너는 이겨 낼 수 있을 거야.'라는 메시지를 주세요.

17. 아이가 어려운 과제가 있어서 도움을 요청할 때에는 해결 방법을 차분하게 알려 주고, 단계마다 해결 방법을 찾아낼 수 있도록 지원해 주세요. 결과가 만족스럽지 않더라도 아이가 애써 노력한 점을 칭찬해 주고 다음에는 더 잘할 수 있을 것이라는 격려의 말은 꼭 해 주세요.

18. 아이가 어떤 일을 완성했을 때에는 '열심히 했구나!' '잘했어!' '힘들었지!' '엄마가 기분이 좋네. 장하다!' '큰 사람이 되겠구나!' '너도 기분이 좋겠다.' 등 칭찬과 격려를 해 주면서 성취감을 더 북돋아 주세요.

19. 어려움을 겪고 있을 때, 뭔가 잘 안 되고 있을 때는 잠시 멈추게 하고, 함께 도울 일을 상의하면서 지원하고 격려해 주세요.

20. 집이나 학교에서 무슨 일을 하든 간에 크게 나쁜 일이 아니라면 늘 북돋아 주세요.

당신이 아름다운 이유는 다른 사람보다 더 멋있고 더 능력 있고 더 매력적이기 때문이 아닙니다. 세상에 당신 같은 존재가 당신밖에 없기 때문입니다. 특별한 당신을 당신부터 사랑하십시오(혜민, 2012).

21. 물질적인 보상보다는 아이와 함께 시간을 보내 주는 것이 더 큰 힘이 됩니다. 농구하기, 산책하기, 이야기하기, 운동하기, 놀이하기, 게임하기 등을 함께 해 보세요.

22. 여건이 허락된다면, '칭찬 통'이나 '칭찬 게시판'을 두고 그

곳에 각자 느끼는 칭찬 글을 써 놓도록 해 보세요. 가족들이 식사하면서 그 칭찬하는 이야기를 해 보세요. 미리 써 놓은 칭찬 글을 꺼내서 읽어 주면서 기분 좋은 식사 시간을 만들어 보세요.

23. 아이들은 끊임없이 엄마 아빠가 무슨 말을 하는지 늘 귀를 기울이고 있습니다. 아이는 자신도 모르게 늘 엄마 아빠의 기대에 어긋나지 않는 행동을 하는지 안 하는지 스스로 점검하고 있습니다. 엄마 아빠가 이를 믿고 포용하고 관용할 수 있어야 합니다.

24. 가족 게시판을 만들어 보세요. 거기에 그림도 그리고, 이야기도 쓰고, 격려의 말도 남기고, 칭찬의 말도 남기고, 가족사진도 붙여 놓고, 함께 대화를 주고받아 보세요.

25. 아이가 커 가고 있다는 사실을 알려 주세요. 아이가 무언가를 열심히 할 때는, '참 잘했어. 너는 큰 사람이 될 거야!' '넌 어떻게 그렇게 엄마를 잘 도와줄 수가 있니? 고마워.' 또는 '넌 너의 친구를 어쩌면 그렇게 잘 도와줄 수 있을까! 너는 사람들이 필요한 것을 잘 알고 도와줄 수 있는 능력을 가졌구나!' '넌 동생을 위해서 양보도 할 수 있구나! 참 잘했어!' 등등 아이가 커 가고 있는 모습을 엄마 아빠가 확인하고 인정해 주세요.

26. 행동의 결과나 학교 성적의 등수를 말하면서 다른 아이들과 비교해서는 안 됩니다. 아이들끼리 비교하는 것은 더 열심히 하도록 격려하기 위함일 수 있으나 아이의 자존심이 상하게 됩니다. 자존심이 상하게 되면 두려움이 생기고, 다시 하고 싶은 의욕을 그만 꺾어 버릴 수 있습니다. 그보다는 아이들이 지닌 독자적인 면을 드러내서 칭찬해 주세요.

27. 시간을 잘 활용했을 때에는 칭찬을 아끼지 마세요. 게임을 하지 않고 숙제를 끝냈거나 텔레비전을 보지 않고 어떤 문제에 골몰해서 해결했을 때, 칭찬을 아끼지 마세요.

28. 아이의 장점을 찾아 주도록 노력하세요. 축구하기, 스키 타기, 인라인 타기, 자전거 타기, 그림 그리기, 곤란에 처한 사람을 도와주기, 물건 사기 등에서 잘한 점을 찾아서 말이나 글로 칭찬을 표해 주세요.

29. 가끔 '엄마는 네가 자랑스러워.'라든가 '고마워.'와 같은 쪽지를 써서 꽃병이나, 과일 등 아이가 좋아하는 것과 함께 식탁이나 책상 위에 놓아두세요. 촛불이 옆에 있다면 효과를 배가할 수 있습니다.

30. 아이에게 격려하는 말을 글로 써 주세요. 방을 잘 정돈했을 때는 '잘했어.' 또는 '엄마가 좋아하는 일을 했구나!' '학

교 다녀와서 엄마랑 재미있는 놀이를 함께 하자!'와 같은 메모를 가방이나 연필통에 넣어 주세요.

어른의 교육 두 가지

어른이 아이에게 하는 교육에는 두 가지가 있습니다. 하나는 말과 글로 가르치는 것, 다른 하나는 생활 자체와 행동입니다. 말과 글로 가르치는 것은 의도적인 가르침이지만, 생활 자체나 행동은 무의도적인 가르침입니다. 어른들은 대부분 말로 가르치려고 합니다. 말과 글로 가르치는 것은 어른들이 좋다고 생각하는 것을 전달하고 그것을 본받기를 바라지만, 사실 무의도적으로 암암리에 진행되는 생활 속 가르침은 지속적으로 암시하고 있어서 더 큰 영향력을 갖습니다. 전자를 의도적 교육이라고 한다면, 후자를 무의도적 교육이라 합니다. 말보다도 행동과 생활 자체에서 배우는 교육이 더 지속력이 큽니다. 더 놀라운 것은 어른들이 마음속에 간직하고 있는 생각이나 바람을 아이들은 시간이 지나면서 감지하게 되며, 이 분위기에서 지속적으로 암시하는 가르침과 훈계가 아이들의 배움에 더 크게 자리한다는 것입니다.

말로 가르치는 것보다는 행동과 분위기가 아이들에게 더 큰 영향력을 끼치게 됩니다. 특히 가치관 형성은 무의도적 교육 행위에 더 큰 영향을 받습니다. 말로 훈계하는 것보다 행동으로 모범을 보여야 한다는 말이 그래서 더 큰 교훈이 됩니다. 어른들은 무의식적으로 하고 싶은 말을 하는데, 아이들에게도 암암리에 암시를 보내고 있습니다. 그 암시가 큰 교육입니다. 어른 스스로 '나'를 존중하는 마음이 내면 깊이 자리할 때에 아이에게도 '나'를 존중하는 마음이 전해집니다.

31. 냉장고 문이나 가족 알림판에 '포기하지 말라!' '계속 잘할 것이다!' 등의 격려하는 말을 붙여 놓으세요.

32. 매일 격려하는 메시지를 전해 보세요. 그리고 다음 날에는 더 늘려 보세요.

33. 아이가 최선을 다하고 잘하고 있다는 믿음을 확실하게 주세요. 아이가 자신감이 없다는 식의 말이나 표정을 짓지 마세요.

34. 쉴 때나 놀이를 할 때도 시간을 정해 놓고, 아이 스스로 짜임새 있는 삶을 계획할 수 있도록 도와주세요.

35. '넌 할 수 없을 거야!' '그것은 잘못될 거야!'와 같은 부정적인 말보다는 '넌 잘할 수 있어!' '잘될 거야!'와 같은 말로 격려하면서 잘할 수 있는 힘을 키워 주세요.

36. 과잉칭찬은 삼가세요. 예를 들어, '넌 꼭 올림픽 우승자가 될 거야.'라든가, '넌 굉장한 사람이야!' '넌 세계적으로 유명한 스타가 될 거야.'와 같은 풍선 띄우기식 황당한 칭찬은 오히려 역효과를 초래할 수 있습니다. 과잉칭찬은 오히려 실패에 두려움을 갖게 할 수도 있으며, 자만심을 키울 수 있습니다. 아이가 해낸 성과나 언행에서 잘한 부분을 구체적

으로 설명하면서 칭찬해 주는 것이 아이에게 다음 행동의 방향을 분명하게 알려 주는 일이고, 그것이 엄마 아빠의 마음을 바르게 표현하는 것이며, 그로써 아이는 더 크게 인정을 받았다는 느낌을 얻게 됩니다.

37. 아이를 지지하는 엄마 아빠가 되세요. 아이가 해낸 일에 대해서 박수를 보내고, 목표를 달성하기 위해서 열심히 진전하는 모습을 칭찬해 주세요. 아이가 기분이 아주 좋지 않을 때나 우울해 있을 때는 포근하게 감싸 안아 주세요.

38. 칭찬이 아이의 바른 성장에 도움이 됩니다. 한마디의 칭찬이 백 마디의 잔소리보다 더 아이가 바르게 성장하도록 도와줍니다.

39. 아이가 열정을 가지고 열심히 자기 일을 하거나 누구에겐가 친절한 행동을 했을 때는 '너에게 그런 열정이 있었구나! 대단하다!' '너에게 그런 착한 성품이 있었구나!' 등 좋은 점을 꼭 찍어서 칭찬해 주세요.

40. 아이는 아주 사소한 일을 했더라도 인정받고 싶어 합니다. 사소한 언행일지라도 살피고 챙겨서 잘했다고 칭찬해 주세요.

'나' 자신을 아끼고 존중하자!

'나' 자신을 좋아하자!

'나' 자신을 사랑하자!

지금 애쓰고 있는 '나' 자신에게 고맙다고 하자!

나는 내가 좋다.

나는 '있는 그대로'의 내가 더 좋다.

41. 아이와 말을 하면서 지능지수나 성적이나 서열을 부각시키는 것을 삼가고, 아이가 열심히 노력하고 애쓰면서 만들어 낸 성과를 부각해서 격려하고 북돋아 주세요.

42. 학교에서 자신의 능력을 최대한 발휘할 수 있도록 기대수준을 높이며 격려하세요.

43. 좋은 점수를 받았다고 돈으로 보상하는 것을 삼가세요. 돈을 받기 위해서 좋은 점수를 얻은 게 아니라 자신의 실력을 스스로 키워 가는 성과를 얻기 위해서 한 일입니다. 그것을 돈으로 보상해 준다면, 아이 자신만이 즐길 수 있는 내면적 보람을 남에게 빼앗기는 결과를 초래할 수 있습니다. 힘들지만 혼자서 배워 가는 일 자체를 즐기고 그로부터 보람을 얻는 일이 인생이라는 기나긴 길에서 큰 디딤돌입니다.

잘한 일에 대해서는 충분히 구체적으로 칭찬해 주고 북돋아 주는 것이 아이 스스로 다음의 행동을 어떻게 해야 좋은가를 알 수 있도록 도와주는 일이 더 큰 일입니다. 돈보다는 두터운 믿음과 사랑이 담긴 격려가 아이의 내면적 성숙을 돕는 길입니다. 그 길이 아이의 자존감을 키워 가는 지혜입니다.

44. 아이가 학교 공부를 하면서 새롭게 찾아낸 만족감이나 재미있어하는 것들을 찾아 함께 이야기해 보세요. 아이가 신이 나서 공부를 더욱더 열심히 하도록 하는 힘이 될 수 있습니다.

45. 잠시 외국에 체류하면서 본 일인데, 아이들 학교에서 월말이면 모범생을 '좋은 시민(Good Citizen)'으로 선발해서 교실 입구에 이름을 달아 놓고, 교장이 점심시간에 그 아이들을 자가용에 태우고 식당에 가서 피자를 사 주는 행사가 있었습니다. 이처럼 아이가 칭찬받을 만한 일을 했을 때 좋아하는 음식을 사 주며 칭찬하는 것도 좋은 메시지를 전할 수 있는 방법이 될 것입니다.

46. 잘못한 실수 대신에 잘한 것에 관심을 집중해 보세요. 시험에서 낮은 점수를 받았다면 틀린 것을 탓하지 말고, 맞힌 정답에 더 관심을 기울여 보세요. 아이의 나쁜 점보다는 좋

은 점에 더 관심을 기울여 주세요.

47. 아이가 알 수 없는 스트레스를 받을 때는 어른들의 요구를 줄이고 느슨하게 풀어 주어 마음의 부담을 줄여 주세요.

48. 부정적인 의견보다는 긍정적인 말과 대화를 권해 보세요. '너 정말 참 잘하는구나!' '남의 도움을 청하지 않고도 복잡한 일을 혼자서 잘했구나. 참 잘했다!' '아침에 알람을 켜 놓고 시간에 맞춰 스스로 일어났구나! 잘했다!' '숙제를 끝내고 잊지 않고 피아노 연습을 마쳤구나. 착하다!' 등 좋은 말로 긍정적인 표현을 일상화해서, 아이가 긍정적인 안목으로 사물을 볼 수 있도록 지원하고 도와주세요.

49. 아이와 함께 순간순간 순발력 있게 즉흥적으로 즐기도록 하세요. 비록 서툴지라도 흥겹게 노래도 하고 우스꽝스러운 우스갯말로 함께 즐기세요.

50. 아이의 행동을 '좋다' '나쁘다'로 단정 짓지 마세요. 그 행동의 결과를 예측할 수 있도록 설명해 주세요. 예를 들어, '부엌에서는 진흙 장난을 하면 가족이 먹는 음식에 들어갈 수 있으니 안 돼.'라든가, '싸우는 것은 서로 마음에 상처를 주고 둘 사이를 갈라놓는 일이니 싸워서는 안 돼.'라는 식으로 구체적으로 설득력 있게 이야기해 주세요.

자기 자신을 이겨 낸 사람은 싸움터에서 천 명을 천 번 이긴 자보다 위대한 승리자입니다. 싸움터에서 남을 이겼더라도 언젠가는 질 수 있지만, 자기 자신을 이기고 다스리는 사람은 영원한 승리자입니다(Tolstoy, 2020a).

51. 아이에게 '너는 나의 모든 것이야!' '너는 나에게 큰 기쁨이야!' 등과 같은 말로 고맙다는 뜻을 전하며 긍정의 메시지를 전해 보세요.

52. 아이가 어떤 때는 힘들어하고 터덕거릴 수 있습니다. 어려울 때는 격려하고 응원해 주세요. 언젠가 반드시 이루고 말 것이라는 확신을 갖도록 지지해 주세요. 사람들은 어느 누구나 늦거나 더디게 피어나는 면이 있습니다. 이를 우리는 늦깎이라고 합니다. 영어로는 late bloomer라고도 합니다.

53. 아이가 우울할 때에는 스트레스를 받지 않도록 해 주세요. 아이가 좋아하는 놀이를 하게 해 주거나, 조용한 음악을 듣게 해 주거나, 음식을 먹게 해 주거나, 함께 놀아 주는 등의 방법으로 풀어 주세요.

54. 아이의 약점을 보완하거나 치유하기 위해서 시간을 쏟는 것도 필요한 일입니다만, 아이의 장점을 키워 주는 일에 시

간을 더 쓰도록 하세요.

56. 아이의 실수를 전적으로 옹호해서는 안 됩니다. 그 대신에 독립적인 일을 했다든가 책임감 있게 일을 처리했을 때는 칭찬을 아끼지 마세요.

57. 칭찬받는 것이 아이의 존중감을 키우는 일이기도 합니다만, 다른 사람들이 좋은 일을 했거나 일을 잘했을 때도 그것을 인정해 줄 수 있는 마음을 배우는 일도 중요합니다. 남들을 어떻게 칭찬할 수 있는가를 배우도록 안내해 주세요.

58. 아이가 피부로 느낄 수 있을 정도로 확실하게 지지해 주고 믿어 주세요. 엄마 아빠가 늘 아이의 편에 있다는 마음을 알 수 있도록 해 주세요. 아이도 늘 어려움을 겪고 있습니다. 아이가 겪고 있는 일상의 어려움들을 엄마 아빠가 이해하고 있고 엄마 아빠가 늘 자기편이라고 믿고 있을 때 심리적으로 안정되며 신뢰감을 갖게 됩니다.

자존감의 네 가지 유형

자존감은 나라는 사람의 '가치'와 '능력'을 어떻게 보고 있는가에 따라 그 특성이 달라지는데, ① 나의 존재 가치와 능력을 둘 다 적절하게 존중하고 있는 경우에는 자존감이 건전하다고 볼 수 있으나, ② 그와 반대로 나의 존재 가치와 능력을 모두 다 낮고 부족하다고 생각하는 경우에는 자존감이 매우 낮고 의기소침한 상태이고, ③ 나의 존재 가치감은 높으나 능력은 떨어진다고 믿고 있는 경우에는 자기도취적 행동이 많아 혼자 잘난 척하는 행동들이 나타나며, ④ 능력은 많은데 스스로 자신의 존재감에 대해서는 약하게 여기는 경우는 일에 대한 욕심은 많지만 책임감은 다소 부족한 면을 보입니다.

가족이 함께하는 일

자존감은 가족이 함께 기릅니다.

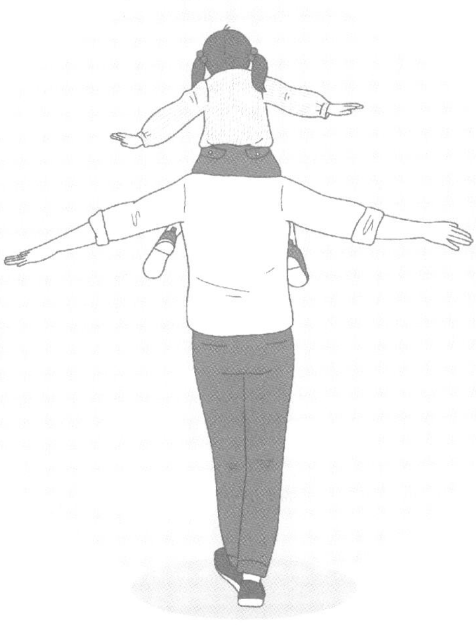

만남이 힘이다

바다 한가운데에서 어선들이 만났습니다.

힘들고 외로운 항해에서 만난 어선은 서로 힘이 됩니다.

힘든 삶 속에서 만남은 서로에게 큰 힘이 됩니다.

1. 집은 가장 편하고 안전한 곳이라는 분위기를 만들어 주세요. 집은 아이만이 아니라 식구들이 세상에서 가장 편하고 안전한 곳이라는 느낌이 들도록 해 주세요.

2. 가족의 일원으로서 일상의 문제를 함께 풀어 갈 수 있는 기회를 마련해 보세요. 이는 가족의 한 사람으로서 소속감을 느끼게 하고 가족 화목을 키워 나가는 일이기도 하지만, 아이의 존재감을 엄마 아빠가 확인해 주는 일이기도 합니다.

3. 아이에게 엄마 아빠가 큰 기대를 걸고 있다는 것을 알고 있도록 하세요. 아이들은 어른들의 기대나 평가에 많이 좌우됩니다. 특히 부모님의 기대나 평가는 중요합니다.

4. 가끔은 가족 모두가 차분하게 부담 없는 대화를 할 기회를 만들어 보세요. 텔레비전을 끄고 전화도 끄고 오직 가족 모두 하나가 되는 가족 대화 자리를 마련해 보세요. 오붓한 공간에서 함께 정을 느끼고 서로의 존재감을 확인하는 계기가 됩니다.

5. 가족회의에서 아이들의 의견을 물어, 참여하는 기회를 주세요. '저녁 식사는 어디서 할까?' '어떤 일을 할까?' '잔치에 누구를 초대하면 좋을까?' 등등 아이의 의견을 반영함으로써 아이의 생각을 존중하고, 가족의 일원임을 확인하여 존

재감을 높여 주세요.

6. 아이들 방에 밝은 느낌을 줄 수 있는 글이나 사진, 그림을 붙여 주세요.

7. 엄마 아빠가 아이를 신뢰하고 있고 약속을 지키며 진실을 말하는 사람이라는 것을 아이에게 알려 주세요.

8. 가족으로부터 느끼는 존재감은 다른 어느 곳에서 느끼는 존재감에 비할 수 없이 큽니다. 가족이 아이의 존재감을 확실히 느낄 수 있게 해 주세요.

9. 식구들이 지켜야 할 좌우명 같은 것을 정해 주 단위 또는 월 단위로 잘 보이는 곳에 붙여 놓고 잊지 않고 실행할 수 있도록 해 보세요. '서로 존중하자!' '용서하자!' '화해하자!' '싸우지 말자!' '큰소리 지르지 말자!' '말은 또렷또렷 분명하게 하자!' '이웃을 돕자!' 등이 될 수 있습니다.

10. 가족 앨범을 내놓고 아이와의 추억에 관해서 함께 이야기해 주세요. 태어난 날, 생일날, 처음 학교 간 날, 소풍 가서 놀았던 이야기, 가족 잔칫날, 놀이 등 추억들에 관해서 이야기해 주세요. 예를 들면, 산후조리원에서 만난 사람들끼리 친분을 가지고 매년 아이의 생일날에 만나 태어난 날을

기억하게 해 준다면 아이에게 자신의 존재감을 확인시키는 데에 좋은 일이 될 수 있습니다.

미숙한 아이를 어떻게 믿을 수 있느냐고요?

'미성숙'이라는 말을 달리 생각하면, 미숙한 만큼 더 성숙할 가능성이 있다는 뜻이 함축되어 있습니다. 아이의 미숙한 모습의 배후에 숨어 있는 성숙 가능성을 믿고 밀어 주는 것은 어른이 해야 할 일입니다. 그런데 믿고 기다리는 일은 여간 어려운 일이 아닙니다. 더욱이 TV에 소개되는 재주꾼 아이들, 이웃 또래 아이들과 비교되어 부족한 점이 우리 집 아이에게서 발견될 때는 뒤처지지 않을까 하는 불안한 마음이 들 수도 있습니다. 당연한 일입니다. 그러나 이럴 때, 엄마 아빠의 마음을 다시 한번 가다듬어야 합니다. 아이는 누구와 비교 대상이 되어서는 안 되며, 자신만의 속도와 스타일이 있다는 점을 잊지 말아야 합니다.

11. 아이가 자신의 소지품을 정돈할 때나, 침실을 정리할 때, 또는 옷장이나 장난감을 정리할 때에는 도와주고 지원해 주세요.

12. 가족들이 함께 아이에게 자신만의 공간과 시간을 갖도록 허용해 주세요. 아이의 방에 들어갈 때는 노크를 하고 들어가세요. 아이 자신만의 아늑한 공간을 누릴 수 있도록 허용해 주세요. 사람들은 모두 혼자만이 즐길 수 있기를 바라는

마음이 있습니다. 그렇게 이해해 주는 것이 아이를 존중하는 일입니다.

13. 밝고 명랑한 마음으로 유머 감각을 살리면서 아이를 대하세요. 재미있는 코미디 영화를 함께 감상하며 기쁨을 공유해 보세요. 서로 일체감을 체험하는 계기가 됩니다.

14. 아이가 엄마 아빠에게 말을 걸어올 때는, 몸을 낮추어서 아이와 눈높이를 맞추면서 관심을 기울여 주세요. 아이가 엄마 아빠에게 크게 존중받는다는 느낌을 받습니다.

15. 형제끼리 함께 있는 공간일지라도 집 어느 곳에 자신만의 공간을 만들어 주세요. 가족 게시판에 기념물을 만들거나 벽에 좋아하는 장식을 만들어 주고, 그것을 어떻게 관리하고 유지할 것인가에 대해서는 스스로 결정하도록 하세요.

16. 특별한 일이 생겼을 때는 멀리 계신 할머니와 할아버지께 전화해서 알려 드리도록 하세요. 어려서부터 멀리 떨어져 있는 사람들과도 관계를 돈독하게 할 수 있다는 것을 알게 되며, 나이가 들어서도 사람들과 좋은 사이를 만들어 갈 수 있는 요령을 자연스럽게 터득하게 됩니다. 서로 정을 만들어 간다는 것을 배우는 계기가 됩니다.

17. 가족의 구성원으로서 당연히 할 집안일(방청소, 자신의 소지품 정리 등)을 했을 때는 용돈을 주는 것을 피하고, 대신에 자신이 해야 할 일 외에 추가로 할 수 있는 일을 부과하고 그 일을 했을 때는 수고의 대가로 일정 금액을 지급하세요. 아이가 자신이 해야 할 일은 대가를 바라지 않고 당연히 자신 스스로 해야 한다는 생각을 갖도록 하며 책임감을 키우는 일이 더 중요합니다.

18. 아이가 할머니와 할아버지께 특별한 일이 없더라도 정기적으로 전화해서 인사드리고 새로운 소식을 말씀드리며 자신의 생활을 알려 드리도록 해 보세요. 가족의 사랑을 느낄 기회가 되며 아이의 성숙에 도움이 됩니다.

19. 집 청소를 아이와 함께 해 보세요. 빗자루 다루기, 걸레질하기, 로봇청소기 다루는 법 등을 설명해 주고 스스로 할 수 있게 하세요. 집이 얼마나 깨끗하게 달라졌는지를 알게 될 뿐만 아니라, 아이 자신이 한 청소가 가족을 얼마나 기분 좋게 했는지를 알 수 있게 됩니다. 서로 배려하면서 함께 도와 만들어 낸 청결한 집이 얼마나 좋은가를 같이 느껴 보세요.

20. 아이와 함께 정원이나 주변 공원을 산책하면서 계절이 바뀌면서 어떻게 달라지는지 서로 이야기해 보세요. 식물과 꽃들이 변화하는 모습에 대한 느낌을 공유해 보세요. 어른

이 이렇게 저렇게 설명하는 것보다는 아이 스스로 느낄 수 있는 시간을 충분히 갖도록 하는 것이 더 교육적입니다. 잠자던 감성을 싹틔우는 계기가 될 수 있습니다.

내가 나를 소중히 아끼고 사랑하기 시작하면,
세상 사람들이 나를 소중히 아끼고 사랑하기 시작합니다.

21. 엄마 아빠가 일하는 곳을 볼 수 있도록 해 주고, 직장 동료들을 만나게 해 주세요. 엄마 아빠를 알아 가는 과정이며 서로 유대를 쌓아 가는 일입니다.

22. 엄마 아빠가 젊었을 때 경험했던 성공한 이야기들도 들려주고, 실패나 갈등을 겪었던 이야기도 해 주고, 그것을 어떻게 극복했는가를 말해 주기도 하세요. 아이와 친밀해질 기회이며, 아이를 성숙한 인격체로 존중하는 일입니다.

23. 식구들끼리 어느 누구도 부족하거나 열등함을 느끼지 않게 해야 합니다. 친구들과 놀이를 할 때도 어느 누가 부족하다든가 못하다는 느낌을 갖지 않도록 하세요.

24. 가족 유대감을 느끼도록 하세요. 집안 어르신들에게 인사

드리고 가끔은 가족 역사에 관한 비디오테이프나 오디오를 틀어 주세요. 아이를 가족의 일원으로 소속감을 높이는 소중한 일입니다.

25. 아이가 마음으로 느낄 수 있는 격려의 말을 써서 잘 보이는 곳에 붙여 놓으세요. '실패는 성공의 디딤돌이다.' '다시 시도해 보자.' '사람이 달성할 수 없는 꿈은 없단다.' '네 주변에는 너에게 힘이 되어 줄 사람들이 있어.' '하늘에 계신 큰 힘을 가지신 분께서는 절대 너의 노력을 쓸데없는 것으로 만들지 않으실 것이다.'와 같은 격려의 말을 써 놓고 볼 수 있도록 해 보세요.

26. 집에 할 일이 있을 때 아이와 함께 해 보자고 청해 보세요. 무거운 짐을 나르거나, 세차를 하거나, 화분에 물을 줄 때, 함께 해 보자고 청해 보세요. 가족의 일원으로서 참여하게 되어 소속감을 느끼게 됩니다.

27. 가능하면 텔레비전을 보는 시간을 줄이고 함께 놀이하거나 책 읽기를 하거나 집안일을 협동하여 처리하는 시간을 더 갖도록 하세요.

28. 가족에 관한 내력을 알려 주세요. 가족에 관한 일반적인 특성, 사진, 족보, 생일, 관심거리 등등을 이야기해 주세요.

특히 가족의 역사에 관한 이야기를 들려주는 일은 아이의 자존감을 키우는 데에 도움이 됩니다.

29. 아이의 신발을 잘 정돈해 놓아두세요. 신발뿐만이 아니라 아이가 아끼는 물건을 엄마 아빠가 함께 소중하게 여긴다는 것을 보여 주세요. 그것을 알게 된 아이는 엄마 아빠가 자신을 소중하게 아끼고 존중하고 있다는 생각을 갖게 됩니다.

30. 엄마 아빠가 갖고 있는 전문성이나 잘한 것을 확실히 보여 주세요. 일반 가정이나 다른 곳에서는 볼 수 없는 특별한 것을 보여 주세요. 이때 특별한 전문성이란 엄마 아빠가 지금까지 살아오면서 가장 친숙하고 잘 아는 것입니다. 그것을 당당히 보여 주세요.

미국 아카데미 시상식 여우조연상 수상자 윤여정의 자존감

윤여정 배우가 <미나리>라는 영화로 아카데미 여우조연상 시상식을 준비할 때, 전 세계에서 250벌이 넘는 최고가 의상이 배달되었다고 합니다. 그는 눈에 띄지 않아도 된다고 생각했고, "나는 큰 보석도 필요 없고, 화려한 옷도 필요 없다. '난 나답고 싶다.'"라고 했습니다. 그는 화려하고 고급스러운 협찬 의상보다 평소 입었던 단아한 의상을 고집했습니다. 스타일리스트 앨빈 고는 자신의 브랜드를 입히기 위해 돈을 지불하고 싶어 했으나, 윤여정 배우가 이를 거부하고 시상식 당일 선택한 옷은 유명한 브랜드가 아닌 이집트 출신 디자이너 마마르 할림의 의상이었습니다. 마마르 할림은 잘 알려지지 않은 디자이너이고, 의상 가격대도 100~300만 원대였습니다. 짙은 푸른빛이 돌면서 화려한 주름이 없는 그 의상은 은색 팔찌 등 액세서리와 조화를 이룬 단아함을 드러냈습니다. 김성일 스타일리스트는 사치스럽지 않으면서 인공적이지 않은 우아한 패션이었다고 평했다고 합니다.

윤여정 배우는 스스로 자신에게 걸맞은 '나다움'을 선택한 것입니다. 나다움이 넘친 멋있는 장면입니다. 그의 수상소감에서는 높은 자존감이 드러났습니다. "제가 사실 경쟁을 믿지 않습니다. 제가 어떻게 글렉 클로즈 같은 대배우와 경쟁을 할까요? 글렌 클로즈 배우의 훌륭한 연기를 너무 많이 봐 왔습니다. 다섯 명의 후보가 있었지만, 우리는 다 다른 역할을 다른 영화에서 해냈습니다. 그래서 우리는 사실 경쟁이란 있을 수 없습니다. 저는 오늘 운이 조금 더 좋거나 미국분들이 한국 배우들에게 특히 굉장한 환대를 해 줘 제가 이 자리에 있는 것 같습니다."

이 수상소감에서 윤여정 배우는 경쟁이 아니라 함께 나누는 자리이고 후보 모두가 동등하게 수상한 것이나 다름없다는 말을 빠뜨리지 않았습니다. 그는 세계가 주목하는 시상식임에도 주눅 들지 않고 당당하게 자신의 생각을 솔직하게 말하여 사람들을 감동시켰습니다. 윤여정은 자신의 존재와 능력에 대한 든든한 믿음을 가지고 있었습니다. 그는 능력을 과시하지 않았습니다. 다른 다섯 명의 후보자와 동등한 능력을 지닌 사람이라고 하면서 수상하지 못한 사람들과 함께 나누어 갖는 마음을 보여 보통의 사람들에게 공감을 갖게 했습니다.

31. 가족 모두의 개인적 공간을 소중히 관리하세요. 침대, 책, 장난감 등 개인 소유물을 소중히 다루세요. 아이를 소중히 아끼는 마음을 전하는 일입니다.

32. 거실이나 방에 옷이나 장난감이 아무렇게나 놓여 있을 때는, 아이 스스로 그것들을 차분하게 정리하도록 하세요. 그 물건들이 누구의 것인지, 누가 관리해야 하는지를 알게 해야 합니다. '나'를 내가 책임지는 일과 결합됩니다.

33. 앨범 속 사진을 통해 아이에게 할머니와 할아버지가 교제했던 이야기나 엄마와 아빠의 교제 이야기 혹은 결혼 이야기, 또는 삶에서 겪은 재미있는 이야기나 어려웠던 이야기를 해 줌으로써 가족 일체감을 키워 보세요. 아이의 존재감을 높이는 데에 도움이 됩니다.

34. 아이에게 바라는 모습을 부모가 스스로 보여 주는 것 이상 더 큰 교육은 없습니다. 엄마 아빠가 롤 모델이 되어 주세요.

35. 집 어느 곳에 '아이 혼자만의 놀이 공간'을 마련해 주세요. 종이, 크레용, 진흙, 가위 스티커 등으로, 창의적인 활동을 할 수 있는 공간을 마련해 주세요. 부엌의 구석도 좋고, 책상 옆도 좋습니다.

36. 아이의 자랑스러운 점을 이야기해 주면서 '엄마 아빠가 너의 엄마 아빠여서 행복하고 만족스럽다.'는 점을 설명해 주세요.

37. 가족 모임이 있을 때, 아이에게 카메라나 핸드폰으로 여러 모습을 촬영하거나 녹음하도록 해 보세요.

38. 가족의 상징물이나 가계도를 보여 주면서 설명하고 가족의 유대감을 키워 주세요.

39. 엄마 아빠가 집에 없을 때를 대비해서, 비상시에 어떻게 연락하는지를 자세히 알려 주세요. 아파트 비상연락 전화나 112, 119, 또는 가족 비상 전화를 알려 주세요. 위기를 함께 대처하는 한 가족으로서 소속되어 있다는 존재감을 확실히 느끼는 계기가 됩니다.

40. 아이와 함께 한 달에 한 번 또는 일주일에 한 번 외출이나 캠핑을 하는 정도로 아이에게 엄마 아빠의 사랑을 다 주었다고 생각하지 마세요. 그보다는 하루하루 아이와 함께 짧은 시간이라도 틈틈이 재미있는 시간을 보내면서 사랑하는 마음을 전해 보세요.

'나'란 사람은 누군가의 뜻과 삶에 맞춰 살려고 애쓰고 있나요? '나'의 뜻과 삶을 위해서 살아가고 있나요?

어쩌면 우리는 그동안 자신에 만족하지 못했을 수 있습니다. '나'를 있는 그대로 받아주지 못했습니다. '나'의 외모를 당당하게 내보이지도 못하고 사랑하지도 못했고, '나'의 성격에 대해서도 불만스러워했고, '나'의 처지를 비관하기도 했고, 내가 처한 현실을 부끄러워했고, '나'의 꿈을 숨겨 오기도 했습니다.

어렵게 살아온 '나' 자신에게 참 미안한 일입니다. 이제라도, 일단 '나' 자신에게 사과부터 해야 합니다. 마음속으로 '나'에게 '깊이 미안하다. 그동안 고생이 많았다'고! 그렇게 할 수 있다면, 이제 '나'라는 사람을 변화시킬 수 있으며 당당하게 살아갈 수 있는 길을 찾게 됩니다. 그것이 자존감이 낮았던 '과거의 나'와 노력 중인 '현재의 나'의 차이점입니다.

41. 지나치게 규제하기보다는 아이가 집에서 편안하고 안전하게 쉬고 놀 수 있는 여건을 만들어 주세요. 집이 세상에서 가장 편한 곳이라는 점을 느끼게 해 주세요.

42. 가족 간에 소통할 수 있는 SNS(카카오톡, 텔레그램 등)를 통해 가족들의 소식을 교류해 보세요. 할머니, 할아버지, 사촌들의 생일, 또는 새로운 소식, 여행 이야기, 학교 이야기 등을 서로 교류해 보세요. 가족과 친척이 소중한 존재라는 점을 깨닫게 될 뿐만 아니라 사람들의 따뜻한 정을 느낄 기회가 되고 자신의 소중함도 깨닫게 됩니다.

43. 아이가 살아가면서 부딪치는 어려운 문제들, 상처받은 이야기, 실망스러운 일들을 말하고 함께 공유하면서 함께 고민하고 풀어 가는 곳이 가정입니다. 아이가 자유롭게 마음을 터놓고 이야기할 수 있는 환경을 만들어 주세요. 아이가 생활하는 곳 중에서 가장 안전한 곳이 가정입니다.

44. 아이에게 늘 엄마 아빠가 우리 아이는 늘 최선을 다하는 사람이라는 기대감과 믿음을 갖고 있다는 것을 보여 주고, 아이가 무엇을 하든지 크게 기뻐해 주세요.

45. 엄마 아빠는 남들이 발견하지 못한 아이만의 귀중한 특징과 성품을 찾아 주는 사람으로서의 역할을 실제로 일상에서 암암리에 늘 하고 있습니다. 아이의 존재감을 높여 주는 역할을 엄마 아빠가 늘 하고 있는 셈입니다.

46. 아이가 가족의 한 일원으로 함께하고 있다는 것을 느낄 때 아이는 존재감을 얻게 됩니다. 엄마 아빠가 아이의 도움이 필요할 때에 아이에게 일을 맡기고 그 일을 잘 처리할 수 있을 것이라고 믿고 기다려 주세요.

47. 가정에서 공정하고 합리적인 규칙을 세워 놓고 꼭 지키도록 하세요. 아이에게 투명한 행동지침을 제시하는 것이고 아이 스스로 자신을 존중하고 아끼는 방식으로 살아갈 수 있도

록 돕는 중요한 지표가 됩니다.

48. 아이들 앞에서 엄마 아빠가 하는 일이나 직장에 대해서 비난하거나 부정적인 말은 삼가고, 열심히 일하는 모습과 좋은 성과를 낸 일들에 관해서 이야기하세요.

49. 함께 청소하기, 정원 가꾸기, 음식 만들기 등 집안일을 해 보도록 하세요. 끝난 후에는 함께 수고했다고 격려하는 식사 자리를 마련하여 유대감을 키워 보세요. 함께 협동 노력하여 일을 완성했다는 성취감을 얻게 됩니다.

50. 고마움을 전하는 가족 우편함을 만들어 놓고, 그곳에 고마움이나 축하의 편지를 넣어 두세요. 생일날이나 설날 또는 추석 같은 때에 가족이 둘러앉아 그 쪽지들을 함께 읽고 서로 격려하는 자리를 만들어 보세요.

부모로부터 상처받았고, 충분한 보호 방패도 없이 살았던
어린 시절의 경험을 지울 수는 없으나……. 아직 희망은 있습니다.
어떻게?
나를 바꾸는 것! 그것은 내가 할 수 있는 일입니다. 나 자신을 보호하고
스스로 건강해지는 것, 병적인 의존관계를 벗어나는 것.
이 모든 것은 다 내가 해내야 합니다(이인수 외, 2017, p. 198).

51. 아이가 오랜만에 보는 친구를 반기듯이, 반갑게 형제들과 친척들을 만날 수 있도록 분위기를 만들어 주세요.

52. '우리 가족끼리는 서로 상처를 내지 않고 거친 말을 하지 않도록 한다.' '서로 약속을 잘 지킨다.' 등 교훈을 잊지 않도록 하여 서로 좋은 관계를 쌓도록 하세요.

53. 나이에 걸맞은 집안의 허드렛일을 부탁하고 그 일로부터 능력감과 책임감을 얻을 수 있는 계기를 만들어 주세요. 그런 과정에서 가족의 일원으로서 존재감을 갖게 됩니다.

54. 집에서 지켜야 할 구체적인 지침을 내려서 지키도록 하세요. 지침은 엄마 아빠와 아이 사이에 지켜야 할 약속이며, 그 약속을 지키는 일은 서로의 인격을 존중하는 일을 시작하는 것입니다.

55. 집에서 반드시 지켜야 할 행동을 정하세요. 식사하기, 허드렛일 하기, 잠자는 습관, 공부하기, 가족과 함께 시간을 보내기 등에 관한 규칙을 정해 놓고 실천하도록 하세요.

자존감 회복 

'있는 그대로의 나'를 받아들이고 존중하고 그 모습을 아끼고 사랑하는 사람이 행복을 안을 수 있습니다!

남이 나를 어떻게 보고 있는가에 매달리는 삶은 '내'가 주인인 삶이 아닙니다!

내 느낌과 내 생각이 무엇인가를 분명히 알고 이를 소중하게 존중하며 행동하는 삶이 '내'가 나를 지키는 삶입니다. 그것이 나의 자존감을 회복하는 삶의 시작입니다.

‘나’를 표현하기

‘나’의 존재가치는 표현방식으로 드러납니다.

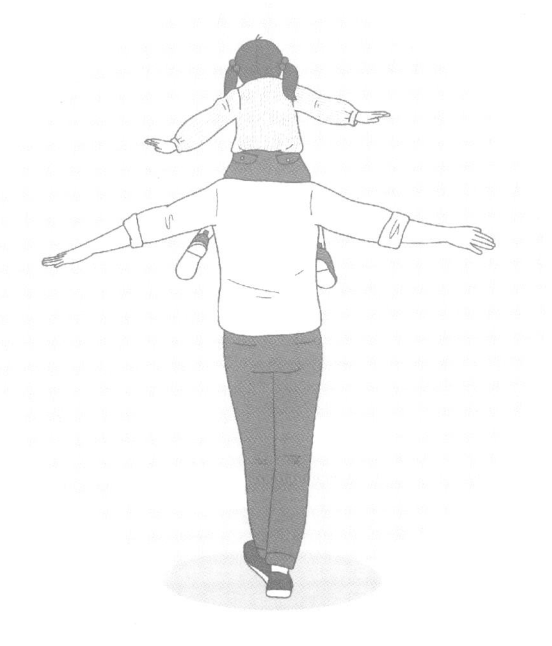

홀로 걷다

건강한 자존감을 지닌 아이들은 혼자서도
자신을 아름답게 가꾸어 나갈 수 있습니다.

1. 아이가 하는 질문과 의문점에 관해서 서둘러 답하려 하지 마세요. 아이 스스로 사전을 찾고, 컴퓨터를 검색하거나, 도서관을 활용하면서, 또 브레인스토밍을 통해 스스로 궁리해서 찾도록 안내하고 도와주세요. 아이에게 잠자고 있는 여러 능력을 계발할 수 있는 기회를 마련하는 일입니다.

2. 아이가 좋아하는 문구류에 그가 좋아하는 색깔로 아이의 이름을 써 주면서, 친하게 지내는 친척이나 마음을 줄 수 있는 친구들의 이름을 쓰도록 해 보세요.

3. 아이가 그린 그림을 액자에 넣어 걸어 주세요. 아이가 성취감을 느끼게 됩니다.

4. 아이에게 친구들을 초대하도록 권하고 어떻게 맞이할 것인가, 무엇을 줄 것인가 등에 관해서 짜 보도록 해 보세요. 아이를 인정하고 존중하는 엄마 아빠의 마음을 아이가 확인하는 경험을 하게 됩니다.

5. 아이 스스로 자신의 어린 시절의 이야기를 녹음할 수 있도록 해 보세요. 엄마 아빠가 대담자가 되어 유아 시절에 관해서 인터뷰를 해 보세요. 맨 처음 느낀 가족 이야기도 좋고, 처음으로 겪은 즐거운 이야기나 마음 아픈 이야기, 캠핑 체험 이야기, 친구에 관한 이야기, 모험 등에 관해서 이

런저런 이야기를 들어 보세요.

6. 정원이나 들에서 꽃을 꺾어 와 화병에 꽃꽂이를 해 보도록 지원하고 도와주세요.

7. 아이는 어른들이 모르는 여러 가지 많은 생각을 품고 있습니다. 아이의 '마음 창고'를 창의와 사랑, 존중, 배려, 관용, 포용, 긍정으로 채워 주세요. 닫힌 생각과 비난이나 미움, 따돌림, 헐뜯기, 부정은 아이의 밝은 미래지향적 비전을 방해하는 걸림돌입니다.

8. 자기 생각을 글로 써 보도록 하세요. 다른 사람의 행동에 관해서 이렇게 저렇게 표현하는 것보다 자신의 생각을 차분하게 정리해 보도록 하세요.

9. 아침에는 흥겨운 노래나 음악으로 시작하고 저녁에는 잔잔한 음악을 들려주세요. 집의 분위기가 달라질 뿐만 아니라 아이가 음악에 관심을 갖게 되기도 하며, 음악 감성을 생활화하는 계기가 되기도 합니다.

10. 아이와 함께 새로운 것을 시도해 보세요. 그림 그리기, 연 만들기, 조립하기, 배 만들기, 비행기 만들어 날려 보기 등을 해 보면 좋습니다.

경쟁 교육의 흔적

우리 교육은 경쟁을 부추기면서 실력을 쌓게 합니다. 그런데 경쟁에서 이겨야 한다는 교육에서 길러진 버릇이 있습니다. 나도 모르게 길러진 그것은 쉽게 남들을 비웃고 또 우겨 대고 놀려 대는 언행들입니다. 나도 모르는 사이에 얻어진 좋지 못한 습성들입니다.

'그것도 몰라?' '그것밖에 안 돼?' '옆집 네 친구 ○○는 오늘도 학교에서 상을 받아 왔다더라. 너는 뭐하는 거야?' 등등 쉽게 다른 아이들과 비교하여 우열을 가리는 언행들은 아이의 자존심에 상처를 남기고, '나를 믿고 존중하는 힘'을 기르는 데에 크게 방해가 됩니다.

11. 애벌레나 올챙이 또는 새끼 오리나 병아리를 키워 보게 하세요. 생명과 자연의 신비함을 느낄 기회가 됩니다.

12. 10원짜리, 100원짜리, 500원짜리 등 동전을 연도별로 수집하거나 모형자동차를 회사별로 모으는 것 등을 통하여 조합력이나 사물의 특징을 분류하는 능력을 키울 수 있습니다.

13. 벌새들의 날갯짓, 거미집, 벌들의 움직임, 벌집 만들기, 새집 만들기 관찰 등 자연을 느껴 볼 기회를 줘 보세요. 아이의 눈과 귀의 감각을 키우는 일입니다.

14. 캠핑은 식물 관찰, 은하수 관찰, 산책 등을 하면서 자연의

신비를 느껴 보고 자연을 아끼고 사랑하는 마음을 키울 수 있는 기회입니다. 숲속에서 아름다운 장면을 보았을 때, 어른이 먼저 말을 하기보다는 아이가 마음의 여유를 가지고 뭔가를 깊이 느낄 수 있는 충분한 시간을 갖도록 하세요. 아이에게 숨어 있는 감성을 스스로 싹틔울 수 있는 기회입니다. 이는 루소(Rousseau)의 교육방법이기도 합니다.

15. 신기한 일을 체험해 보도록 하세요. 비가 오는 날 웅덩이에서 물장난하며 물 튀기는 장면을 관찰하거나 번개 치는 장면을 보거나 영상을 보며 낙뢰 지점이 어디인지를 찾아보면서 자연의 신비함을 느껴 보고 자연에 관한 호기심을 부추겨 주세요. 호기심을 키우고 상상력을 자극하는 일입니다.

16. 반려동물을 기른다면, 모이 주기, 물 주기, 운동하기 등을 함께 하면서 동물을 배려하는 마음과 생명의 소중함을 키우도록 하세요.

17. 화분에 꽃나무나 채소 등을 길러 보도록 하고, 씨앗 틔우기, 물 주기, 수확하기 등의 기회를 갖도록 하세요. 식물에 물을 주고, 풀도 뽑아 주고, 꽃 피는 것도 즐기고, 수확의 재미도 느끼도록 해 보세요. 그러나 잘못 기르면 식물이 죽을 수도 있다는 사실을 스스로 배우고 식물을 키우는 일이 쉽

지 않다는 점을 알게 해 주세요. 내가 정성껏 기르지 않으면 안 된다는 점도 알게 해 주세요.

18. 게임을 함께 하면서 그 게임에서 얻을 수 있는 논리나 추리력을 계발하도록 도와주세요.

19. 아이에게 모르는 용어가 있을 때는, 휴대전화에 사전을 다운로드한 후 설치해서 같이 검색해 보세요.

20. 연날리기, 산책, 운동 등을 즐기면서 넉넉하게 여유를 가지고 아이의 관심거리를 경청해 보세요. 재미있는 활동을 하면서 기분이 달아올랐을 때 사람들은 자신의 느낌과 생각을 자연스럽게 표현하게 됩니다. 그런 기회를 자주 만들어 보세요.

스웨덴의 한 아이

몇 해 전, 스웨덴의 교육관료 한 부부와 딸이 집에서 묵은 적이 있었습니다. 스웨덴의 삶에 관한 이런저런 이야기를 하던 중에 평소와 같이 그 딸에게 "두 오빠 중에 누가 더 좋으니?" 하고 무심코 질문을 던졌습니다. 그 딸의 답이 궁금했습니다. 그 아이의 답은 "한 가지 면에서 두 오빠가 좋은 점이 각각 두 가지가 있고, 또 다른 면에서 각각 나쁜 점이 두 가지씩 있어요."라고 했습니다. 우리는 보통 누가 더 좋다고 말하고 마는데, 이 아이는 답이 달랐습니다. 두 오빠의 자존심을 건드리지 않고 다른 점을 객관적으로 이야기했습니다. 그런데 이 말이 끝난 후 그 아이의 엄마의 말은 충격적이었습니다. "스웨덴에서는 그런 질문을 하면 안 됩니다. 저는 한 달간 한국에 있으면서 사람들을 비교하는 말을 자주 들었는데, 스트레스를 많이 받았습니다."라고 말을 이었습니다.

우리 문화에서는 재미로 사람을 쉽게 비교하고 또 우열과 선호를 가리려고 합니다. '누가 더 좋은가?' '누가 더 예쁜가?' '누가 더 공부를 잘하는가?' 등등 말입니다. 그런데 사람들을 비교해서 우열을 따져 보려는 언행은 사람들의 자존심을 크게 손상시킵니다. 우리는 쉽게 사람들을 비교하려고 합니다. 사람들 간의 비교보다는 각자 다른 독특한 특성을 존중하는 마음과 태도를 키워 서로의 자존감을 존중하고 키우는 문화로 성숙시키는 노력이 필요합니다.

21. 아이에게 자신의 느낌을 어떻게 표현하는가를 알아 가도록 알려 주세요. '마지막 시험을 치르는 동안에 나는 몸이 굳어 옴짝달싹하지 못했다. 추워할 틈도 없었다.' '그저 실수 없이 잘 치르기를 하늘에 빌었다.' '맨 처음 축구 시합을 할 때 너무나 흥분되어 하늘을 나는 것 같았다!' 등등 서툴다고 망설이지 말고 자신의 느낌을 표현할 수 있게 도와주세요.

22. 아이에게 엄마 또는 아빠 직장의 전화번호를 알려 주고, 아이가 전화해도 좋다고 말해 주세요. 이는 아이에게 그만

큼 두터운 믿음관계를 확인하는 일이며, 긴급한 일을 쉽게 알릴 수 있는 통로가 됩니다.

23. 아이가 자신의 관심을 말하는 것을 녹음하거나 녹화해 보관했다가 가끔 보여 주세요. 아이의 흥미와 관심을 소중하게 존중하고 있는 엄마 아빠가 곁에 있다는 사실을 알게 되며 자신감을 얻는 계기가 됩니다.

24. 엄마 아빠의 지갑이나 책상에, 또는 차 속에 아이의 사진을 꽂아 두세요. 엄마 아빠가 아이를 소중히 존중하고 아끼고 있는 마음을 확인하게 됩니다.

25. 이웃 부모들과 아이들에 관해서 이야기할 경우, 각각의 아이들의 좋은 점들을 이야기하세요. 아이들이 지나가다 우연히 들을 수 있습니다. '옆집 누구의 방은 늘 엉망진창이다.'라든가, '누구는 부진하다.'라든가, '누구는 수학을 못한다.'라든가 하는 헐뜯는 말은 삼가세요. 아이들이 그런 말을 듣게 되면 큰 상처를 입게 됩니다. 더 큰 일은, 친구들끼리 비교해도 된다는 생각을 아이가 갖게 될 수도 있다는 것입니다.

26. 아이의 성장에 관해서 늘 관심을 두세요. 그리고 아이가 정서적으로, 정신적으로, 신체적으로 할 수 있는 것과 없는

것을 잘 알아보세요. 그것이 엄마 아빠가 아이를 지도하는 데에 필요한 심리적 안정을 찾는 일입니다.

27. 화가 났을 때는 화난 이유를 자연스럽게 표현해도 된다는 점을 알려 주세요.

28. 정서적 · 지적 · 신체적 · 정신적으로 조화롭게 성장할 수 있도록 도와주세요. 학교 공부 외에 다른 활동을 해서 균형감 있게 성장할 수 있도록 도와주세요.

29. 아이가 호기심을 가진 새로운 경험이나 학습을 해 보도록 하고 즐기도록 해 주세요.

30. 아이의 이름이나 이름의 약자를 써 둔 수건 또는 선물이나 베갯잇을 마련해 주세요. 아이가 부모에게 인정받고 존중받는다는 마음을 갖게 됩니다.

신데렐라의 자존감

신데렐라는 언젠가는 다가올 '미래의 나'를 믿고, '나'의 이름이 세상에 알려지고, '나'를 이해하는 세상이 오고 말 것이라는 확신 속에서 남들에게 흔들리지 않겠다는 다짐을 했습니다. 틀렸을지도 모르나 '난' 그렇게 느끼니 틀린 채로 살겠다며, 의붓엄마의 구박, 우롱과 괴롭힘을 이겨 냈고 자신을 지켰습니다.

신데렐라는 늘 "더 단단하게! 더 꿋꿋하게! 더욱더 현명하게! 더욱더 강하게! 더 냉철하게! 더욱더 침착하게! 100만분의 1의 확률이라면 '내'가 기적이 되겠다, 미래가 가망이 없는 어둠이라면 '내'가 태양이 되겠다"고 다짐하면서(케이 캐년 감독, 신데렐라, 2021, 노래 가사 일부), 자신을 지키고 고난들을 이겨 냈습니다.

신데렐라는 남들이 아무리 자신을 하찮게 보더라도, '내 안의 나'의 위대함을 굳게 믿었습니다. 잠들어 있는 영력을 보임으로써, 괴롭힘 속에서 잿더미에 묻혀 있었던 '나'를 찾았습니다. 아무도 모른 '나에 대한 믿음'이 그의 길을 열었습니다. 타인에게 이해받지 못한 외로운 아이가 있음을 깨우쳤습니다(정여울, 2016, pp. 23-28). 신데렐라는 자신을 굳게 믿고 밝은 '나'의 앞날을 생각하면서 자신의 능력을 혼자서 키워 나갔습니다. 자존감이 높은 사람이 이룩할 수 있는 모습입니다.

31. 다른 아이들과 비교하지 마세요! '왜 너는 너의 형처럼 100점을 못 받니?'라든가, '왜 너는 너의 친구 ○○같이 똑똑한 행동을 하지 못하니?'라는 식의 말은 아이의 자존심을 크게 손상시킵니다. 남과 비교하는 것은 절대 금물입니다. 아이는 '바로 나는 나이기 때문에' 엄마 아빠에게 인정받고 사랑받고 싶어 합니다.

32. 아이가 좋고 싫은 것을 자연스럽게 이야기하고 그 이유도 부담 없이 밝힐 수 있는 분위기를 만들어 주세요.

33. 아이의 감정을 부정적인 것으로 예단하여 마치 변화시킬 수 없는 것처럼 단정하지 마세요. 지나치게 꾸짖거나 비난하지 말고 아이 자신만의 감정을 계발할 수 있도록 수용적으로 독려해 주세요.

34. 아이가 즐길 수 있는 취미를 계발할 수 있도록 도와주세요. 좋아하고 즐길 수 있는 취미활동을 찾도록 도와주고 혼자서 즐길 수 있는 시간을 만들어 주세요.

35. 아이가 읽고 쓰고 공부하고 관심 분야를 찾아볼 수 있는 자료실을 만들어 주고, 재미를 느낄 수 있는 공간이 우리 집에 있다는 점을 갖게 만들어 보세요.

36. 만약 가족 소유의 단독 주택에서 콘크리트 길이나 베란다를 만드는 공사를 한다면, 아이에게 이름이나 손도장을 찍어 보도록 하면서 뭔가 자신의 흔적을 남기도록 해 보세요.

37. 아이가 생각해 낸 새로운 아이디어 또는 다른 사람과 차별화된 점들을 말해 주면서, 가족 구성원으로서 그의 존재감을 확실하게 드러내 주세요.

38. 아이에게 어렸을 때부터 현재까지의 사진 앨범을 보여 주면서 '이게 네가 지나온 모든 시간이야.'라고 설명해 주세

요. 지난 추억에 관한 이야기를 해 주는 일은 아이가 자신을 인정하고 존중하도록 하는 효과가 있습니다.

39. 아이에게 친구 관계가 어떤지, 읽고 있는 책은 무엇인지, 무엇에 관심이 있고, 어떤 생각과 의견을 가졌는지에 관해서 진지하게 듣고 싶고 알고 싶어 한다는 점을 알리도록 하세요.

40. 아이에게 명확히 필요한 어른이 되어 주세요. 아이가 도와주기를 원하는 것에 깊게 귀를 기울이고, 또 아이가 요청하는 일에 관해서 집중하여 응답해 주세요. 아이가 존중받고 인정받는다는 느낌을 확실히 안겨 주게 됩니다.

우리나라 「헌법」이 보장하는 행복추구권

제10조에서는 "모든 국민은 인간으로서 존엄과 가치를 가지며, 행복을 추구할 권리를 가진다."라고 규정하고 있고, 제34조에서는 "모든 사람은 인간다운 생활을 할 권리를 가진다."라고 하여 행복추구권을 누릴 수 있는 자격을 부여하고 있습니다.

그리고 제37조 제1항에서는 "국민의 자유와 권리는 헌법에 열거되지 아니한 이유로 경시되지 아니한다."라고 명시하고 있고, 제37조 제2항에는 "국민의 모든 자유와 권리는 국가안전보장·질서유지 또는 공공복리를 위하여 필요한 경우에 한하여 법률로써 제한할 수 있으며, 제한하는 경우에도 자유와 권리의 본

질적인 내용을 침해할 수 없다."라고 하여, 주권자가 행복하게 살 권리를 최대한 보장한다는 취지가 전제되어 있습니다. 이렇게 우리의 헌법정신은 우리가 행복을 추구하는 것을 최고의 가치로 인정하고 있는 셈입니다.

41. 아이가 누군가로부터 질문을 받았을 때는 어른이 개입하여 아이의 말을 이어서 끝내려 하지 말고 아이의 반응을 끝까지 지켜봐 주세요. 그것이 아이를 존중하는 일이며 독립심을 기르는 일입니다.

42. 아이와 대화할 때는 지적하거나 과잉반응을 보이지 마세요. 비판은 더욱이 금물입니다. 그러한 행동은 아이에게 마음의 부담을 주는 일이며, 독립심을 방해하는 행동입니다. 차분하게 경청하면서 편한 환경을 만들어 주세요.

43. 아이에게 독특한 재능이 있다는 것을 잘 설명해 주고, 아이의 매력을 자신이 알 수 있도록 설명해 주세요. 이웃 사람들도 그렇게 생각하고 있다는 점도 설명해 주는 것이 필요합니다. 학교나 동네 친구들로부터 들은 반응을 아이에게 알려 주면서 아이가 어떤 좋은 점이 있는가를 자세히 설명해 주세요.

44. 아이가 여행 체험기나 자신의 희망 또는 하고 싶은 모험 등 자신에 관한 이야기를 녹음하거나 녹화하는 일정을 잡아 시행하게 해 보세요.

45. 때에 따라서는 아이가 혼자서 어려운 길을 체험해 보도록 하고 그 결과를 이야기하고 체험을 느껴 보도록 하세요.

46. 아이가 스스로 자신에 대해서 부정적인 말을 할 경우, 조심스럽지만 건설적으로 표현하도록 지도해 주세요. 예를 들면, '나는 수학을 못해!'라든가, '나는 아무것도 할 수 없어!' '난 말을 잘 못해!'와 같이 소극적이고 부정적으로 표현했을 때는 그렇지 않다는 점을 꼭 설명해 주세요. '난 수학 시험에서 내가 원하는 점수를 못 받았지만 다음 시험에서는 특별히 잘 맞도록 노력할 거야!'라든가, '나는 말이 서툴렀지만 다음에는 예쁘게 표현할 수 있을 거야!'라고 긍정적이고 미래지향적인 밝은 말로 표현할 수 있도록 용기를 북돋아 주세요.

47. 아이의 참된 재능은 많은 체험과 시행착오를 거치면서 찾을 수 있고, 또 그런 과정에 자신이 좋아하는 것을 발견해서 얻는 것이라는 점을 알아 가도록 도와주세요.

자존감이 낮은 사람	자존감이 높은 사람
• 나의 몸과 마음에는 좋은 점이 별로 없다고 한다.	• 나의 몸과 마음에서 좋은 점을 많이 찾아낸다.
• 나와 남을 비교하면서 우열을 가려서 우월감을 가지려고 한다.	• 나와 남의 다른 점을 존중하며 자신의 일을 더 집중한다.
• 남에게 늘 칭찬받기를 바란다.	• 남의 칭찬보다도 하는 일의 완성에 더 관심을 둔다.
• 사랑을 주기보다는 받기만을 원한다.	• 나를 사랑하고 남의 사랑을 자연스럽게 받는다.
• 의사소통이 순탄치 않다.	• 의사소통이 원활하다.
• 아무거나 다 잘한다고 생각한다.	• 할 수 있는 일을 책임지고 한다.
• 비난 섞인 말로 상대에게 부담되는 말을 한다.	• 서로의 좋은 점을 인정하고 차이점을 존중한다.
• 우리에게 일어난 문제가 나와는 별개의 것이라고 생각한다.	• 우리가 부딪친 문제를 공동으로 함께 풀어 가려고 노력한다.
• 문제해결에 완고하고 단호하여 마음이 닫혀 있다.	• 열린 마음으로 가능한 대안을 적극적으로 찾는다.
• 매사를 단정적이고 심판적으로 생각하며 고집스럽다.	• 매사에 해결책이 여러 가지 있을 수 있다고 생각한다.
• 타인의 언행에 대해서 방어적이다.	• 타인의 이야기를 성실하게 경청한다.
• 나의 느낌과 생각을 억누르고 타인의 느낌과 생각을 있는 그대로 받아들이지 못한다.	• 나의 느낌과 생각을 자연스럽게 표현하고 타인의 느낌과 생각을 존중한다.
• 안전하고 익숙한 것을 선택한다.	• 새로운 시도를 즐긴다.
• 과거지향적이며 현상유지적인 행동이 많다.	• 처한 상황을 부정하지 않으면서 미래지향적이다.
• 좋은 점보다 나쁜 점을 더 들추어내는 경향이 있다.	• 좋은 점과 나쁜 점을 객관적으로 바라본다.
• 상습적으로 푸념을 늘어놓는다.	• 생산적인 대안을 찾으려고 노력한다.

자기결정과 진로에 관한 일

자기결정능력이 삶의 질을 좌우합니다.

아늑한 길

자존감을 갖춘 아이는 홀로 아늑한 길을 찾아
자신만의 보람을 찾으며
내면적인 삶을 가꾸어 나갈 수 있습니다.

1. 인생살이에서 자기결정능력은 매우 중요합니다. 아이와 함께 의사결정 과정을 체험해 보세요. 어떤 것을 먼저 하고 어떤 것을 나중에 해야 하는가를 같이 생각하고 토의하면서 일의 절차와 진행 순서를 함께 찾아보세요. 어른보다 아이가 더 많이 생각할 수 있도록 도와주세요.

2. 아이가 꿈꾸는 꿈과 목표를 실현할 수 있도록 도와주세요. 가고 싶은 곳 또는 언젠가 이룩하고자 하는 것들을 실현할 수 있도록 도와주세요. 아이가 이룩하고자 하는 것이 터무니없다 하더라도 진지하게 들어 주고, 그것을 실현하기 위해서 어떻게 해야 할 것인지, 무엇을 해야 할 것인지에 관해서 함께 구체적인 아이디어를 찾아보고, 아이가 그것이 무엇이든 실현할 수 있을 것이라는 믿음을 갖도록 격려해 주세요.

3. 아이의 행동에서 불만족스러운 면이나 실수한 점에 엄마 아빠가 지나치게 깊이 관심을 기울이면, 아이는 자신감을 잃을 수도 있습니다. 그와 반대로 아이의 좋아진 점을 찾아 말해 준다면, 아이는 더 열심히 자신을 키워 나갈 수 있는 힘을 얻게 됩니다.

4. 새로운 새끼 고양이나 강아지 또는 동물에게 이름을 붙일 때 아이에게 이름을 지어 보도록 해 보세요. 자기결정능력과 자신의 존재감을 기르는 작은 체험이 됩니다.

5. 스스로 해결해야 할 과제를 혼자서 하도록 지켜봐 주세요. 엄마 아빠가 대신해 주어서는 안 됩니다.

6. 친구들이나 형제들이 함께 밤을 지내기 위해서 집 마당이나 야영장에 텐트를 칠 때 스스로 쳐 보도록 지도해 주세요.

7. 시작한 놀이나 일에 집중할 수 있도록 지원하고, 일단 시작한 일을 끝낼 때는 매조지를 확실히 하여 가시적 성과를 내도록 격려하고 도와주세요.

8. 생활에 실질적으로 요구되는 해결능력을 기를 기회를 마련해 주세요. 예를 들면, 화장실 변기가 막혔을 때는 어떻게 해야 하는지, 집에서 공원까지 어떻게 가야 하는지, 정전되었을 때는 어떻게 해야 하는지, 전등이 나갔을 때는 어떻게 해야 하는지, 수돗물이 안 나올 때는 어떻게 해야 하는지, 가족여행을 할 때 장소와 시간, 교통, 경비 등은 어떻게 계획해야 하는지 등이 될 수 있습니다.

9. 어렸을 때부터 돈을 관리할 수 있도록 하세요. 아이를 은행에 데리고 가서 아이의 이름으로 통장을 만들어 주고 스스로 아이 자신 소유의 통장에 돈이 모이는 것을 확인하도록 하세요. 중요한 자기관리이며 향후 금융관리 요령을 터득할 수 있는 첫걸음입니다.

10. 타인의 도움을 받지 않고 '스스로 일어설 수 있는 사람이 되라.'라는 메시지를 아이에게 보내세요.

방탄소년단(BTS)과 방시혁의 자존감

"저는 9~10세 정도에 제 심장이 멈췄습니다. 돌이켜 보니 그 때가 다른 사람들이 저를 어떻게 보는지 인식하고, 그들의 눈을 통해 저 자신을 보기 시작했던 때였던 것 같습니다. 밤하늘과 별을 바라보는 것을 멈추었고, 꿈꾸는 것을 멈추었습니다. 대신 다른 사람들이 만드는 시선에 저 스스로를 가두었습니다. 이어 저는 나 자신의 목소리를 내는 것을 멈추었고, 다른 사람들의 목소리를 듣기 시작했습니다. 누구도 제 이름을 불러 주지 않았고, 저조차도 제 이름을 부르지 않았습니다. 제 심장은 멈추었고, 제 눈은 감겼습니다. …….

여러분의 심장을 뛰게 하는 것이 무엇인가요? 여러분의 목소리를 찾으세요! …… 제 인생에 수많은 실수를 저질렀습니다. 그러나 조금씩 더 현명해질 것입니다. 실수를 한 나도 사랑합니다. 그리고 더 현명해질 나도 사랑할 것입니다. 그게 나이기 때문입니다. '나'를 사랑하세요! Love Myself!"

BTS의 RM(김남준)은 '다른 사람이 만든 시선에 나를 가두었고 나의 심장은 멈추었다.'고 고발하고 호소합니다. 그의 나이 9~10세 때의 기억입니다. 우리 교육이 크게 반성해야 할 지점입니다. 나의 빛깔이 타인에 의해서 짓밟히며 뭉개지고 있는 순간을 잊지 않고 있습니다. 다행히도 그는 이를 딛고 일어섰으나, 그렇지 못한 수많은 '젊은이들'과 '어린이들'을 누가 살려 낼 수 있겠습니까? BTS RM(김남준)은 실수를 한 '나'도 '나'이고, 더 현명해질 '나'도 '나'이기 때문에 나는 나를 사랑한다고 하고 있습니다. 그에게서 높은 자존감을 읽을 수 있습니다. BTS RM(김남준)의 유엔 연설(2018. 9. 25.)은 바로 자신의 빛깔과 향기를 믿으며 살려 내기 위해서 '나'를 아끼고 사랑하지 않으면 안 된다는 외침입니다.

BTS를 이끌고 있는 방시혁 대표는 BTS(Beyond The Scene)가 사회적 편견과 억압을 막아 내고 자기 자신만의 스토리를 만들어 자신의 가치를 지켜 낸다는 뜻이라고 했는데, 이 이름에도 교육적 시사가 있습니다. 방 대표는 초등학교 때 악보를 그리고 음악을 했으며, 중학교 때는 클래식 기타를 선물받아 혼자서 연습했습니다. 그러다 그가 대학을 진학할 때 그의 할아버지는 서울대학교 법학대학을 가야 한다면서 한 달간이나 식음을 전폐했고 학교에서도 법대를 가라고 권유했으나, 결국 그의 뜻에 손을 들어 준 사람은 그의 어머니였습니다. 그의 어머니는 진학과 진로 선택에서 1순위는 본인이 가장 즐겁게 공부할 수 있는 학과라고 생각했고, 어머니의 모토가 '성실하게 최선을 다하면서 살자. 그 사람의 입장이 돼 보자.'여서 '음악을 너무 좋아했고 사려 깊은 아이이니 믿어 보기로 하고 손을 들어 주었다.'고 그의 어머니는 밝히고 있습니다. 그러나 부모가 모르는 영역이라 늘 노심초사했다고 고백하고 있습니다. 그의 아버지의 경우도 "좋아하는 일, 좋아하는 공부를 하도록 해야 재미를 붙여 행복하게 열심히 하고 성공할 수 있습니다."라고 말하고 있으며, 한 가지 추가하고 있는 것은 책을 많이 읽으면 공부가 쉬워지고 자기결정능력이 커지게 되니 아이들에게 늘 한없이 책을 많이 읽혀야 한다는 것이었습니다. 방 대표의 부모는 아들의 일을 대체로 믿고, 아들이 하고자 하는 일을 지원해 주고, 아들 본인의 선택을 존중해 주며 믿고 기다려 주었다는 것을 확인할 수 있습니다.

11. 아이에게 어려운 일이 생겼을 때는 어떻게 해야 할까요? 먼저 해야 할 일이 어떤 것인지 차분히 정리해 보고, 해결하기 쉬운 작은 일부터 시작해서 하나씩 그리고 차츰 더 복잡한 일들을 처리하도록 하세요.

12. 새롭게 흥미를 갖고 일을 착수하려고 할 때는 너무 많은 준비를 시키지 마세요. 어려운 일이라도 쉽게 착수할 수 있게 해야 합니다. 쉽고 간단한 것부터 부담 없이 시작하도록 하세요. 일의 목표는 시작하는 일을 끝까지 매조지하여 바라는 바의 성과를 만들어 내는 데에 있습니다. 서둘지 말고 서서히 일을 지속하는 게 더 중요합니다. 쉬운 일에서부터 점차 단계적으로 더 복잡한 일로 나아갈 수 있는 마음의 여유가 더 중요합니다. 하는 일에는 반드시 성과를 만들어 내야 한다는 원칙을 지키도록 하세요.

13. 아이가 새로운 놀잇거리를 만든다거나, 낯선 이야기를 꾸며 보려고 할 때나, 새로운 일을 시도하려 할 때는 묵묵히 지켜봐 주세요. 새로운 것을 만들어 보려고 하는 의욕을 북

돋아 주면서, 뭔가 시도해 보려는 감각과 능력의 싹을 틔워 주세요.

14. 엄마 아빠의 도움이 필요 없을 정도로 아이가 자립하고 독립적으로 행동하고 책임을 질 수 있을 때까지 조금씩 거들어 주고 도와주고 독려해 주세요. 부모가 할 일 중에 가장 중요한 일입니다.

15. 당당한 목소리로 자신의 느낌과 생각을 표현하도록 하세요. 입에서 웅얼거리는 불분명한 소리는 듣는 이에게 분명한 뜻을 전하지 못합니다. 단전에서 힘차게 나오는 또렷한 목소리로 말하는 습관을 갖도록 하세요.

16. 여러 사람 앞에서 긴장하지 않고 편해질 수 있는 마음가짐에 관해서 이야기해 보세요. 많은 사람 앞에서도 긴장하지 않고, 자신의 느낌과 생각을 자연스럽게 표현할 수 있는 요령을 알려 주세요. 긴장하지 않기, 먼저 하고 싶은 말을 써서 검토하기, 아랫배에 힘을 주어 긴 호흡을 하고 또렷하게 발음하기 등을 알려 주세요.

17. 컴퓨터 입력, 인터넷 검색, 타이핑, 가족사진 찍기, 화분갈이 등 아이가 해낼 만한 집안일을 맡겨 보세요. 아이에게 어떤 일을 해낼 수 있다는 믿음을 갖게 해 줄 계기가 될 수

있습니다.

18. 가끔은 교육 문제, 정치적 행위, 정책 또는 세금 제도나 법에 관한 것 등 시사 문제를 이야기하면서 핵심 과제는 무엇인지, 어떻게 풀어야 좋은 방향으로 개선될 수 있는지에 관한 이야기를 해 보세요. 이런 과정을 통해서 사회현상을 어떻게 바라보아야 하는지, 어떤 시각에서 어떻게 보아야 하는지, 책임은 누구에게 있는지 등에 관한 객관적인 관점을 지니도록 안내해 주세요.

19. 아이에게 대뜸 힘겨운 일을 시키는 것보다는 쉽고 작은 일부터 시작하여 차츰 어렵고 큰일을 처리해 갈 수 있도록 안내해 주세요. 처음에는 아주 쉽고 사소한 것에서 시작하여 결국에는 복잡하고 어려운 것을 끝낼 수 있도록 도와주세요. 일단 시작한 일을 끝까지 다 해낼 수 있는 끈기를 키워가도록 안내해 주세요.

20. 아이에게 스스로 즐길 수 있는 시간을 주세요. 충분히 쉴 수 있는 시간, 상상할 수 있는 시간이 필요합니다. 아이에게 버거운 일을 억지로 부과하면, 아이의 내면에 잠재된 흥미나 소질을 계발시킬 수 있는 마음을 잃어버릴 수도 있습니다. 아이가 지니고 있을 풍부한 상상력과 기력을 싹틔울 수 있도록 아이를 믿고 기다려 주는 여유로움이 필요합니다.

호모 루덴스적 특성을 살려 내자

'호모 파버(Homo Faber)'는 라틴어로 '기계인간'이라는 뜻인데, 생산해 내고 만들어 내는 것을 강조하는 뜻으로 실용적인 것과 계산적인 것을 중시하는 인간상을 말합니다. 이와 대립되는 단어 '호모 사피엔스(Homo Sapiens)'는 예지의 인간, 즉 '생각하는 인간'을 뜻합니다. 이와는 달리, '호모 루덴스(Homo Ludens)'는 놀이하는 인간, 새로운 것을 만들어 내고 창조하는 인간을 말합니다. 문화는 창조와 놀이로부터 출발했습니다[네덜란드의 역사학자인 호이징아(Johan Huizinga, 1872~1945) 제안]. 우리는 경제 발전을 강조하면서 호모 파버식 인간관이 주류가 되었습니다. 특히 우리 교육은 지적 능력을 강조하면서 상대적으로 호모 루덴스적 특성인 '창조와 놀이'와 '자기 믿음'을 크게 놓치고 있습니다.

21. 아이의 정체감이 중요합니다. 혹시 친구의 영향으로 인해서 자신의 가치관이 흔들리지는 않는지, 또는 집안의 전통이나 가치가 흔들리지는 않는지 평상시 이야기 속에서 살피고 자신의 중심을 잃지 않도록 지도해 주세요.

22. 아이에게 카메라를 하나 마련해 주고 관심거리를 찍어 보도록 하고, 집이나 학교 이웃 주변 또는 여행한 곳을 찍어 보도록 하여, 찍은 사진에 관해서 함께 이야기해 보세요. 아이가 만들어 낸 결과물을 엄마 아빠가 존중해 준다고 느낄 수 있습니다.

23. 아이가 기계를 좋아한다면 기계들이 버려진 곳 또는 폐차장에 데려가 관심이 있는 부품들을 탐색할 기회를 마련하여 호기심을 북돋아 줄 수 있습니다.

24. 자신만의 독창적인 것을 시도해 볼 기회를 만들어 주세요. 다양한 기구, 스티로폼 접시, 사각 헝겊 조각, 종이, 휴지말이, 카드, 모래, 진흙 등으로 자신만의 어떤 것을 만들어 볼 기회를 주세요.

25. 공부하거나 일하거나 운동을 할 때는 자신의 목표를 설정하고 달성하도록 하세요. 예를 들면, 태권도 1품을 언제까지 따겠다든가, 3품을 딸 때까지 하겠다든가, 수학 성적을 언제까지 더 올리겠다든가 등 단계적으로 목표를 세워서 스스로 성취하도록 해 보세요.

26. 찬반의 결말을 끌어낼 수 있는 시사 문제에 관해서 서로 의견을 나누면서 아이 스스로 자신의 의견을 표출할 수 있도록 도와주세요.

27. 아이들이 무엇인가를 하고 싶어 할 때 '안 된다.'라고 무지르지 말고, 그 일에 관해서 자세히 설명을 들어 보고, 왜 그 일을 꼭 해야 하는지, 어떻게 하는지, 꼭 지금 해야 하는지 등 더 깊이 따져 보고 결정하도록 하세요.

28. 아이가 하려고 하는 일의 목표와 내용 그리고 완성하기까지의 절차와 과정을 또렷이 알 수 있도록 도면을 그려서 벽에 붙여 놓고 늘 볼 수 있게 해 주세요.

29. 부모의 신념이나 철학을 아이에게 명확하게 설명하고 밝히세요. 그러나 주입하는 것은 삼가세요.

30. 특정 종교를 믿도록 일방적으로 강요하지 마세요. 아이의 신념 형성에 엄마 아빠가 편견을 갖게 할 수도 있으며 간섭할 수도 있습니다. 아이의 신념은 아이 스스로 형성할 수 있도록 해 주세요.

내가 이 세상 모든 사람을 좋아하지 않는데, 어떻게 이 세상 모든 사람이
나를 좋아해 줄 수 있을까요? 그런데 우리는 누군가가 나를 싫어한다는
사실에 얼마나 가슴 아파하며 살고 있나요? 내가 모두를 좋아하지 않듯,
모두가 나를 좋아해 줄 필요는 없습니다. 그건 지나친 욕심이지요.
누군가가 나를 싫어한다면 자연의 이치가 그런가 보다 하고
그냥 넘어가면 됩니다(혜민, 2012, p. 128).

31. 실제로 지킬 수 있는 지침을 서로 정하고 실현하도록 하세요. 집에 들어오는 시간, 집에서 해야 할 일, 각자 가족의 일원

으로서 지켜야 할 규칙 등을 정하고 실천하도록 해 보세요.

32. 엄격하게 다스리는 언행과 너그럽게 보살피는 언행 사이에 적절한 균형을 잡아야 합니다. 부모가 바라는 것을 요구하고 성과를 올리기를 원하면서도 동시에 온화함으로 감싸고 보살펴 주는 적절히 균형 있는 지도가 필요합니다.

33. 열심히 노력하면 그에 대한 보상을 해 주세요. 열심히 노력해서 크게 성과를 만들어 냈을 때는 격려하고 칭찬을 아끼지 마세요. 가족들이 함께 손뼉을 쳐 주고 아이가 좋아하는 물건, 장난감이나 피자 등을 사 줄 수도 있습니다. 이때 칭찬은 그냥 '잘했다!'라는 말만 하기보다는 잘한 행동의 내용을 세세하게 집어 내서 말해 주세요. 후속 행동이 더 강화될 수 있습니다.

34. 아이를 서점이나 도서 전시회에 데리고 가서 적은 돈으로 책을 사서 자신만의 서가를 꾸밀 기회를 주세요. 동화, IT 서적, 만화, 위인전, 자서전, 소설, 시집, 고전 등 아이가 좋아하는 책들로 서가를 설계해 보도록 해 보세요. 자기결정 능력을 키우는 좋은 기회가 됩니다.

35. 가끔 아이가 좋아하는 이야기나 책을 엄마 아빠의 목소리로 녹음해서 들려주세요.

36. 아이 혼자서 사색하거나 음악을 감상하거나 글을 쓸 수도 있고 뭔가를 만들 수 있는 조용한 공간과 기회를 마련해 주세요.

37. 모든 아이는 각자 어른들이 모르는 특별한 능력을 지니고 있습니다. 그 잠재된 재능을 언젠가는 꽃피울 수 있습니다. 이를 굳게 믿고 북돋아 주고 격려해 주세요.

38. 아이와 함께 녹음해 둔 음악을 들으면서 산책을 해 보세요. 가을이라면 함께 낙엽을 밟는 소리도 녹음해 보세요. 엄마 아빠가 자신의 관심거리에 함께하고 있다는 점을 느끼는 기회가 됩니다. 존재감을 높이는 계기가 될 수 있습니다.

39. 자존감이 높은 사람들을 집으로 초대하여 그들이 어떻게 살고 있는가를 알아볼 기회를 마련해 보세요.

40. 아이를 기르다 보면, 뭔가 신체적 · 심리적으로 어른스럽게 크게 달라진 모습이 보일 때가 있습니다. 그럴 때는 어른스럽게 급성장하는 모습이 그려진 책이나 영화를 함께 보면서 자신을 느낄 수 있도록 도움이 되는 프로그램을 만들어 보세요.

닫힌 울타리가 만들어 낸 낮은 자존감

나를 믿게 되면 모든 일에 자신감을 가질 수 있어 추진력이 생기지만, 내가 나를 믿지 못하면 잘할 수 있는 일이 없습니다. 진심으로 '나'를 존중하는 사람은, '나'는 수많은 사람 중 하나라는 사실을 알게 되며 자기와 같은 사람인 남들도 소중한 존재라는 사실을 깨닫게 됩니다. 그러니 자존감이 높은 사람은 자연스럽게 자기의 느낌과 생각을 소중하게 존중하듯이 남의 느낌과 생각을 소중히 여기는 사람이 되어 갑니다.

특정 학교 출신과 특정 분야의 사람들만이 실력을 갖췄고 사람다운 사람들이라면서 그들만을 존중하는 사람들은 사람의 존재가치 자체를 뭉개고 사는 사람들로서 잘난 실력이 있어 대우를 받는다고 생각할지는 모르나, 내면적으로는 자신의 존재 가치를 뭉개고 살아가는, 자존감이 매우 낮은 사람들입니다.

41. 잠깐 멈추어 서서 길거리 꽃의 향기를 함께 느껴 보세요. 그리고 하루는 아이가 자신의 삶을 즐기는 날로 보내 보세요.

42. 아이가 엄마 아빠에게 실망스러운 행동을 하거나 상처를 입힐 수 있으나, 엄마 아빠가 할 수 있는 최상의 일은 아이를 용서해 주는 일입니다. 용서를 받지 못하면 아이는 힘을 크게 잃을 수도 있습니다. 그러니 용서하는 마음을 늘 갖도록 노력해 보세요.

43. 학교생활을 하거나 운동을 하면서 겪는 어려운 일을 엄마 아빠가 즉시 해결해 주기보다는 아이 스스로 해결할 수 있도록 하면서 곁에서 도와주세요. 아이 스스로 자립심을 키우는 기회를 주고 그 일을 스스로 즐길 수 있도록 해 주세요.

44. 아이 스스로 아침에 일어날 시간에 맞추어 알람을 설정하고 그 시간에 일어나 옷을 챙겨 입고 학교에 갈 수 있도록 하세요.

45. 아이에게 문제를 주고 그것을 해결하기 위해서 함께 브레인스토밍하면서 가능한 한 여러 가지 방법을 찾을 수 있도록 도와주세요.

46. 형제들 간에 일어나는 말다툼에 끼어들지 말고, 엄마 아빠에게 서로 이르는 것을 쉽게 받아 주지 마세요. 대신에 다른 일이나 재미있는 것으로 방향을 돌려서 갈등을 해결해 주세요.

47. 시간 관리를 어떻게 하는가를 엄마 아빠가 몸소 보여 주세요. 가장 중요한 일과 덜 중요한 일에 관한 목록을 만들어, 일을 질서 있게 효율적으로 처리하는 요령을 터득할 수 있도록 알려 주세요.

48. 아이에게 무조건 애정을 주는 것도 중요하지만, 어떤 일을 힘들게 노력해서 달성해야 한다는 것을 터득하고, 스스로 자립심을 키워 가도록 도와주는 것이 더 중요합니다.

49. 지금 아이가 안고 있는 문제를 해결하는 데에 도움이 되는 책을 골라 주거나 정보를 말해 주세요. 아이가 맞닥뜨리고 있는 문제의 핵심이 무엇인지 그리고 어떻게 해결할 수 있는지에 관해서 아이디어를 서로 교환해 보세요.

50. 여행하고 있는데 아이가 엄마 아빠를 멀리하고 혼자서 독자적 행동을 할 경우, 그대로 거리를 두고 지켜봐 주세요. 서로 반대편에 서서 줄다리기를 한다고 생각해 보세요. 너무 어른 쪽으로 끌어당기려고 하면 아이는 완전히 실패감에 빠질 수도 있습니다. 서로 팽팽하여 합의하기 어려운 상황이라면 양보하면서 중간쯤에서 합의를 이끌어 보세요.

미성숙을 존중하라

현대철학의 문을 연 미국 철학자 존 듀이(John Dewey)는 이렇게 말합니다. "아이의 미성숙을 존중하라. 아이를 존중하라. 끝까지 존중하라. 그러나 또한 그대 자신도 존중하라. 천성을 보존하여, 그 천성이 향하는 바로 그 방향으로 지식을 갖추도록 하라." …… 거기에 많은 시간과 숙달과 통찰과 사건들, 그리고 모든 위대한 교훈과 신(神)의 조력이 필요합니다. 그렇게 생각하는 것만으로도 훌륭한 인격과 깊은 경지에 이른 조예가 관여되어 있다고 말할 수 있습니다(Dewey, 1916, pp. 52-53).

51. 아이의 요구 사항을 즉시 들어주지 말고 자제력을 기르도록 해 주세요. 사고 싶은 물건에 관해서 긴 시간 고민해 보고, 절실히 필요한 것을 사도록 하루 또는 며칠씩 생각하는 시간을 갖도록 해 주세요. 살아가는 데에 절제가 중요합니다.

52. 아이가 잘 읽을 수 있도록 도와주세요. 책 읽기에 터덕거리거나 어려워하거든 직접 도와주거나 독서 지도 선생을 찾아 지도받도록 해 주세요. 어른이 되어서도 잘 읽을 수 있고 잘 들을 수 있는 능력이 중요합니다.

53. 약속한 규칙을 어겼을 때는 명확하게 그에 상응하는 징벌을 주세요. 만약 귀가 시간이 한 시간 늦었다면, 다음 날이나 다른 날에 한 시간을 더 일찍 귀가해야 한다는 규칙을 지키도록 해 보세요.

54. 아이가 해결해야 할 문제를 가지고 있을 때 엄마 아빠가 바로 직접 풀어 주는 것보다는 시간을 가지고 지켜보면서, 아이가 잘 모르거나 실수하는 경우에 필요한 정보나 처리 방법을 알려 주면서, 스스로 풀 수 있도록 도와주세요. 자립적

으로 문제를 해결할 수 있는 실력을 키우는 일이 더 중요합니다.

55. 아이가 질문해 올 때 즉각 답을 해 주기보다는 '어떻게 그런 의문을 갖게 되었어? 좋은 질문인데, 너는 어떻게 생각해? 우리 함께 답을 찾아볼까?'라고 응수하면서 격려하고, 함께 더 깊이 있는 질문으로 진전시키면서 스스로 해결할 수 있도록 지원해 보세요.

56. 아이와 대화하는 중에 '왜 그럴까?' '왜 안 될까?' '왜 그렇게 되었을까?' 하는 질문을 한다면 아이가 더 깊게 생각할 수 있는 계기가 되며, 자기 생각을 더욱 깊고 분명하게 표현할 수 있도록 도와주는 기회를 만들어 주게 됩니다.

57. 아이의 나이와 성숙 정도에 알맞게 독자적 행동을 할 수 있도록 지도해 주세요. 유치원에 다닐 때는 스스로 옷을 입을 수 있도록 지도하는 일, 초등학생이 된 후에는 저축하는 습관을 갖도록 하는 일, 중 · 고등학생이 되어서는 방학 중에 아르바이트를 해서 자신의 용돈을 벌게 하는 일 등 나이에 걸맞게 독립할 수 있도록 지도해 주세요.

58. 아이의 나이에 맞는 활동, 즉 읽을 책을 고르는 일, 그림 그리기, 또는 하고 싶은 놀이를 선택하는 일 등을 스스로 결

정할 수 있도록 하세요.

59. 아이가 장래에 하고 싶은 직업에 관해서 함께 이야기해 보고, 그렇게 하려면 무엇을 어떻게 해야 하는지에 관해서도 이야기해 보세요. 자신의 미래가 중요하다는 사실을 알게 되고 자신의 존재 가치를 확인하게 됩니다.

60. 아이에게 '안 돼!' '아니다'라는 말을 자주 하는 것은 아이의 표현을 억누르게 되지만, 꼭 해야 할 때가 있습니다. 원칙과 규범을 지키는 일은 매우 중요합니다. 사람이 살아가는 데에는 안 되는 것이 분명히 있다는 점을 알도록 해야 합니다.

아이를 믿고 기다리는 것 이상으로 더 큰 교육은 없습니다.

아이가 잘못을 저지르고 있는데도 믿어야 할까요?

네, 그래도 믿고 기다려 주어야 합니다.

끝까지 믿고 기다려 주어야 합니다.

내 곁에 믿고 기다려주신 부모님이 계신다는 사실이

삶에서 큰 힘이 됩니다.

61. 아이가 어렵다고 여기는 일일지라도 시도해 보도록 권하

세요. 그리고 그런 행동을 했을 때 크게 칭찬해 주고 놀라운 표정으로 응답해 주세요.

62. 아이를 겁박하거나 아이에게 무섭게 대하지 마세요. 아이가 자신감을 잃을 수도 있고, 자신이 해야 할 일 앞에서 머뭇거리며 추진력을 잃을 수도 있습니다.

63. 사람이 살아가면서 늘 힘든 일을 겪을 수 있으며 스트레스도 받을 수 있다는 점을 알려 주세요. 살아가면서 부딪치는 흔한 어려움과 고난을 극복할 수 있는 지혜를 터득할 수 있도록 도와주세요.

64. '학교 갈 시간이 10분 남았다.'라든가, '몇 시에 잠자리에 들어야 하지?' 또는 '텔레비전을 몇 시까지 보기로 했지?'라는 형식으로 다음 활동을 암시해 주고 스스로 결정할 수 있도록 유도해 보세요.

65. 아이가 모아 둔 쿠폰을 가게나 마트에 장 보러 가서 함께 사용해 보세요. 아이가 자신의 노력을 인정받게 되며, 그 과정에서 돈을 아껴 쓰는 습관을 기르게 됩니다. 또한 그로 인해 가족을 위해 아이가 무언가 했다는 성취감을 느끼게 됩니다.

66. 아이가 한 말이 엄마 아빠의 생각과 다르더라도 그의 의견을 경청해 주세요. 비록 의견이 다르지만 너의 의견도 옳을 수 있다고 따뜻하게 공감해 주세요.

67. 때로는 장애를 가진 사람들이 도움이 필요할 때 그를 도와주도록 해 주세요. 이는 사랑하는 마음을 키우는 계기가 되며, 능력감을 높이는 좋은 일입니다.

68. 아이가 엄마 아빠와 대화를 하고 싶어 할 때는 아이가 흥미를 느낄 만한 것이나 필요한 것을 찾아 이야기해 주고 아이가 바로 활용할 수 있도록 도움을 주세요.

69. 아이가 일을 빨리 해결하는 방법을 알도록 도와주세요. 느리다고 나무라지 말고 방법을 터득할 수 있을 때까지 기다리면서 아이 스스로 찾아낼 힘을 기르고 그에 익숙해질 수 있도록 도와주세요.

70. 의사결정 능력을 키워 주세요. 의사결정을 내려야 할 상황에서 아이와 함께 가능한 대안들을 찾아서, 실현 가능성이 높은 것에서부터 낮은 것까지를 나열해 보고 아이가 스스로 문제를 해결할 수 있는 길을 선택하도록 도와주세요.

파이프오르간 마이스터 구영갑의 자존감

소리가 너무 좋아서 어쩔 수 없었다지만, 구영갑은 베를린에서 오스트리아 빈까지 오가는 화물트럭 기사, 물 배달일, 책 배달일, 호텔 객실 창문 닦기, 채소 장수에 관광안내자까지 안 해 본 게 없다고 합니다. 그는 악착같이 공부해 1994년에 마이스터가 되었습니다. 실기시험 10시간씩 11일, 설계 및 파이프오르간 작품 1대 제작과 이론 12과목이라는 길고 지루하기까지 한 시험을 다 통과했습니다. 수백 년 동안 변하지 않고 자기 소리만을 내는 파이프오르간처럼 자기 분야에서 묵묵히 일하는 것이 바로 장인정신입니다(박종인, 2008, pp. 131-138).

마이스터 구영갑은 소리가 좋아서 파이프오르간을 제작할 수 있는 자격을 취득했습니다. 자신 내면의 소리를 소중히 아끼고 존중하면서 험난한 과정을 이겨 낸 드문 성공 사례입니다.

71. 어렵든 쉽든, 학교 공부든 노는 것이든, 목적을 달성하기 위해서는 스스로 무엇을 할 것인가를 명확히 알아야 한다는 것을 이해할 수 있도록 도와주세요.

72. 직업에 관한 여러 가지 것을 알아보기 위해 집 부근 지역 견학을 시도해 보세요. 아이가 관심을 두고 있는 다양한 직업 분야, 베이커리, 식당, 부동산, 장난감 가게, 엔지니어, 간호사, 소방서, 판사, 의사, 교수, 교사, 변호사 등 직업 관련 사무실이나 가게, 기관 등 다양한 직업 세계에 관해서 함

께 알아보세요.

73. 학교를 졸업한 후 아이가 실제 직업을 갖기까지 긴 세월이 필요합니다. 앞으로 아이가 선택할 직업에 관해서 스스로 생각해 볼 기회를 많이 가져야 합니다. 그런 과정에서 엄마 아빠로부터 아이가 자기 신뢰감을 얻게 됩니다.

안팎에 지혜가 있다

자신에게 부족함이 있음을 인정하는 사람은 지혜로움을 행할 수 있는 여지가 있으나, 자신 스스로 부족함이 없다고 생각하는 사람은 늘 어리석은 짓에서 빠져나올 수가 없습니다. 부족함이 있음을 아는 사람은 다른 사람의 행동과 말에서 배울 점을 찾고 보충하려는 마음에서 새로운 지혜를 얻을 수 있으나 자신이 스스로 부족함이 없이 똑똑하다고 생각한 사람은 지혜로운 판단이나 행동이 곁에 아무리 많이 있어도 그것을 알지 못한 채 본받지 못하고 살아갑니다.

특히 똑똑하다는 엘리트층의 잘못은 자기들만의 울타리 안에 갇혀 끼리끼리 뭉쳐 살면서 울타리 밖의 일들을 보지 못한 데서 나온 것입니다. 나와 다른 생각을 가진 사람들의 이야기를 귀담아 듣고 자신의 틀을 흔들어 깨면서 새로운 안목에서 현실 상황에 적절한 대안을 만들어 낼 수 있는 유연한 사고를 갖추는 것이 필요합니다.

식사와 잠자리 대화

따뜻한 대화가 있는 식사시간과 편안한 잠자리

이따금씩 보이는 나의 미래

" 가끔씩 보이는 나의 모습이 나의 미래야.

언젠가는 나에게 숨어 있는 빛깔이 빛을 볼 수 있을 거야."

1. 식사 시간을 활용해서 학교에서 배우고 있는 것들, 아이의 관심거리가 무엇인지 또는 무슨 활동이 재미있는지 등에 관해서 수시로(또는 매일) 대화를 해 보세요.

2. 오늘도 식구들이 함께 모여서 식사를 할 수 있어서 고맙다는 마음을 표현해 보세요. 하루하루가 새롭게 태어난 날들입니다. 이를 깊이 고맙게 생각하고 가족이 함께 있다는 것이 얼마나 크게 고마운 일인가를 느끼게 해 주세요.

3. 가족 식사 자리에서 생각해 볼 만한 질문들을 던져 보세요. '건강이 왜 중요할까?' '질서는 왜 지켜야 할까?' '약속은 왜 지켜야 할까?' '왜, 장애인 주차장에 차를 세우면 안 될까?' '구걸하는 사람에게 돈을 주는 것이 좋은 일일까, 안 좋은 일일까?' 등을 물어볼 수 있습니다. 일상에서 주변에 있는 일들을 깊게 생각해 볼 기회를 마련하여 사회의식이나 윤리의식에 눈을 뜨도록 도와주세요.

4. 식탁에 둘러앉아 가족끼리 식사를 하면서는 서로 다정한 이야기를 나누어 보세요. 어른들의 일방적인 이야기는 삼가고, 아이들의 이야기를 들어 주세요. '오늘 학교에서 어떤 기분 좋은 일이 있었어?' '친구들과는 잘 지냈어?' '선생님과는 무슨 말을 했어?' '수업시간이 재미있었어?' '학교에서 점심은 무엇을 먹었어? 맛있었어?' '쉬는 시간에는 뭐 하니?'

등을 물어볼 수 있습니다.

5. 수시로 식사를 함께하는 것 외에 한 달에 한 번 정도 날을 정하여, 식사를 함께하면서 아이와 대화 자리를 갖고 관심거리에 관해서 서로의 생각을 나누어 보세요.

6. 정기적으로 아이와 대화시간을 가지세요. 한 달 일정에 표시해 두세요. 풀어야 할 과제나 칭찬해 줄 것 또는 필요한 것들을 함께 나누어 보세요. 그리고 끝난 후에는 간단한 음료나 먹을 것을 챙겨 주고 즐기세요.

7. 가끔 시장을 함께 봐 와서 늘 먹는 음식 대신에 특별하거나 낯선 음식을 같이 만들어 먹어 보세요. 엄마 아빠와 함께 일상을 벗어난 새로운 관계 맺음을 얻게 될 것입니다.

8. 아이들과 비슷한 나이의 아이가 있는 친한 이웃 가족을 초대해 보세요. 각자 한 가지씩 준비하여 가져와 함께 나누어 먹는 식사 모임을 해 보세요. 이웃과 함께 유대감을 쌓고 아이들이 자신의 존재감을 서로 확인할 수 있는 기회가 됩니다.

9. 요리하거나 외식을 할 때 영양가 있는 음식을 먹도록 안내해 주고 건강한 식생활을 할 수 있도록 지도해 주세요. 사

람은 건강한 몸의 뒷받침 없이는 큰일을 해내기가 어렵다는 점을 알려 주세요.

10. 해로운 음식에 관한 정보를 알려 주고, 약물이나 술의 오남용 피해에 관해서도 충분히 이야기해 주세요.

11. 친구나 다른 사람들이 몸에 좋지 않은 음식인 술과 같은 것을 권할 때는 당연히 싫다고 거절할 수 있어야 한다는 점을 가르쳐 주세요.

12. 잠자리에 들기 전에, 아이가 겪고 있는 어려움이나 불안 그리고 고민하고 있는 일이 원만하게 해결되도록 기원하고 기도해 주세요.

13. 잠자리에 들기 전에 아이 곁에서 엄마 아빠의 어린 시절 이야기를 들려주는 시간을 가져 보세요. 그러나 흡족하지 못한 아이의 행동을 고치기를 바라는 행동과 관련된 잔소리로 받아들일 수 있는 이야기는 삼가세요.

14. 잠자리에서 오늘 가장 잘한 일에 관해서 함께 이야기해 보세요. 아이가 잘한 행동을 다른 사람에게 인정받게 되면 그만큼 더 격려를 받게 되고 능력감(효능감)을 갖게 됩니다.

능력이 있다는 말은 무슨 뜻일까요?

달성하고자 하는 의욕과 동기가 큰 능력 중 하나입니다. 일을 하고자 하는 절실한 동기가 힘이 되어, 추진할 용기와 모험을 감수하는 투지가 나오게 됩니다. 여기에 일을 완성하기까지 건강한 활력과 민첩한 감각, 많은 정보와 사람의 협력을 이끌어 낼 공감능력을 갖추어야 합니다. 무엇보다 중요한 것은 일을 추진하는 과정에서 돌발적으로 발생하는 예상치 못했던 어려움들을 이겨내고 흔들림 없이 끝까지 성과를 만들어 내기까지는 지탱할 수 있는 힘이 필요합니다. 그게 무엇일까요? 그것은 바로 '해낼 수 있다'는 '나'에 대한 확실한 믿음과 자존감입니다.

엄마 아빠의 생각과 태도

엄마 아빠의 자존감이 높을수록 더 큰 사랑을 줄 수 있습니다.

빛내림

쉽게 잡히지 않는 장면입니다.

빛내림이 숲길을 아름답게 꾸미고 있습니다. 평범한 사람들에게도 이러한 빛을 맞이할 수 있는 기회는 늘 있습니다.

한 줄기 빛이 희망입니다.

1. 아이는 겪고 있는 크고 작은 어려움들이 많으나 다 표현하지 못하고 마음속에서는 늘 울고 있습니다. 그 마음속 눈물을 닦아 주는 엄마 아빠가 늘 아이 곁에 필요합니다.

2. 지금 '내'가 갖고 있지 않은 것을 부러워하는 데에서 불행이 시작됩니다. 지금 아이가 있는 이곳에서 가지고 있는 것이 가장 소중합니다. 사소한 것일지라도, 아이가 지금 있는 곳에서 재미를 찾아 즐길 수 있도록 안내해 주세요.

3. '이제는 더 할 수 없어! 못 하겠어!' 하는 생각이 들거든, 다시 '나'의 존재 가치를 떠올리도록 하세요. '나'는 하늘에서 내려 준 소중한 존재임을 떠올리게 해 주세요.

4. 아이들은 서로 다르게 성장합니다. 성장 속도가 다르고 관심사가 서로 다릅니다. 아이는 다른 아이들과 비교할 대상이 아닙니다.

5. 아이는 알게 모르게 엄마 아빠의 사랑과 애정 그리고 관심을 갈망하면서 엄마 아빠의 보살핌과 지도를 원하고 있습니다. 그것을 느끼게 해 주세요.

6. 아이를 마음속으로 늘 지지해 주세요. 성인이 될 때까지, 조건 없는 사랑과 보살핌이 아이에게 필요합니다. 아이의

말을 충분히 경청하고, 또 수용하고 믿어 주세요.

7. 엄마 아빠가 하고 싶은 말을 아이의 언어로 풀어서 표현하고, 아이가 깊이 관심을 두고 있는 것을 이해하고 있음을 알 수 있도록 존중하고 경청하세요. 아이의 눈높이에 맞는 대화는 아이에게 새로운 세계관과 가치관을 열 수 있는 계기가 됩니다.

8. 아이에게서 갑자기 호기심이 분출될 때에는, 앨범이나 스크랩을 준비하여 비행기, 동물, 여러 외국 안내 책자, 우표 수집록 등을 보여 주면서 표출된 호기심을 채워 주도록 하세요.

9. '왜'라는 질문을 할 수 있도록 격려해 주세요. 왜 그렇게 되었을까 궁금증을 배가시키면서 배움을 키워 주세요. '인생이란 질문에 답하는 일'이라는 점을 터득할 수 있는 계기들을 만들어 보는 것입니다.

10. 아이가 현재 가지고 있는 것을 소중하게 여기면서 즐기는 일이 가장 중요합니다. 자신이 지닌 것을 찾아 즐길 수 있는 사람이 만족감과 행복감을 얻을 수 있습니다. 다음과 같은 질문은 아이의 존재를 확인하는 계기가 될 수 있습니다. '지금 네가 엄마 아빠를 잃는다면 어떻게 될까?' '네가 가지고

있는 것을 모두 잃어버린다면 어떻게 될까? 그런데 그것을 다시 찾아온다면 어떤 기분일까?' 아이가 무심코 누리고 있는 것들이 얼마나 소중한가를 깨닫는 계기가 될 수 있습니다. 지금 자신에 대한 만족감을 찾는 연습을 시도해 보세요.

내가 뭔가를 느낄 수 있고

손으로 만져 볼 수 있고,

함께 웃을 수 있고,

뭔가를 귀로 들을 수 있고,

눈으로 어떤 것을 볼 수 있고,

누군가를 사랑할 수 있다는 사실,

그리고 기억하고 있다는 사실,

그 자체가 신비스러움입니다.

11. '나'를 믿지 못하면 아무런 일도 주체적으로 성사시킬 수 없습니다. 가정에서 가장 큰 과제는 아이들 한 사람 한 사람이 자신인 '나'를 믿도록 도와주는 일입니다. 엄마 아빠의 첫째 책무는 아이들 한 사람 한 사람이 다 '나다움'을 갖추도록 지원하고 보살펴 주는 일입니다.

12. 아이가 정직하고 책임감 있는 행동을 하도록 도와주고 약

속을 지키는 일이 중요하다는 것을 알게 해 주세요.

13. 아이와 솔직하게 대화하면서 좋고 싫음에 대한 반응을 분명하게 밝히세요.

14. '나'를 사랑한다는 것은 나와 함께 있고 언제나 나의 마음을 따뜻하게 들어 주며, 믿어 주고 기다려 주는 일입니다.

15. 아이에게 최대한 일관된 행동규범을 요구해야 합니다. 엄마 아빠가 요구하는 규범에 일관성이 없을 때 아이는 어떻게 행동해야 할지를 모르며 심리적으로 불안을 느끼고, 엄마 아빠가 바라는 좋은 행동이 무엇인지를 몰라 자신의 존재감에 혼란을 겪게 됩니다.

16. 나랏일이나 지역의 일 또는 학교의 일 등 일상에서 일어난 다양한 일에 관해서 스스럼없이 아이와 대화하여 의견을 교류해 보세요.

17. 아이가 농담하거나 우스갯말을 할 때는 함께 웃음으로 호응해 주세요.

18. 아이들은 엄마 아빠가 믿는 만큼 부응합니다. 아이에게 적당히 높은 기대를 하면서 지지해 주세요.

19. 아이의 성격은 가정에서 형성됩니다. 가족 문화가 아이 교육의 자원입니다. 7세 이전에 성격의 70~80%가 형성된다는 연구가 있습니다. 우리 속담에는 "세 살 버릇이 여든까지 간다."라는 말이 있습니다. 어렸을 때의 가정교육이 중요합니다.

20. 아이에게 엄격함도 필요하고 자유도 필요합니다. 중요한 것은 엄격함과 허용된 자유가 적절하게 균형을 유지해야 한다는 것입니다.

만일 '내'가 주변 사람들을 따라 하고 싶은 마음이 들 때는,
잠시 멈추어 그런 일반적인 예를 좇는 것이 옳은지 생각해 보세요.
개인과 사회의 큰 불행과 범죄는 그렇게 밖에서 주입된 것을
생각 없이 따르는 일에서 시작됩니다(Tolstoy, 2020b, p. 328).

21. 엄마 아빠가 아이의 교육을 매우 중요하게 생각하고 있다는 점을 아이가 알 수 있도록 해 주세요.

22. 어린 시절은 이제 막 가치관이 형성되고 사회에서 필요한 기본적인 양식과 상식을 습득하는 시기입니다. 성격 형성은 날마다 일상적인 삶 속에서 이루어집니다. 가정교육과

부모의 언행과 가르침은 아이의 성격이나 습관을 형성하는 데에 지속적으로 작용하며 중요한 역할을 합니다.

23. 건전한 자존감을 갖추기 위해서는 자신을 믿는 마음이 가장 중요합니다. 아이가 어려움을 당했을 때 자신을 굳게 믿고 어려움을 순조롭게 이겨 낼 수 있도록 도와주고 보살펴 주세요.

24. 아이가 자신의 느낌과 생각이 소중하고 중요하다는 믿음을 가질 수 있도록, 엄마 아빠가 아이의 느낌과 생각을 존중해 주고 키워 나갈 수 있도록 지원하고 도와주세요.

25. 엄마 아빠가 스스로 자신을 믿고 서로 믿고 존중하는 모습을 보여 주는 것이 무엇보다 중요합니다.

26. 엄마 아빠가 활동하고 있는 기관이나 단체에서 신뢰를 받고 있다는 점을 아이가 알 수 있도록 보여 주세요.

27. 어른이 겪고 있는 금전 문제라든가 인간관계 또는 부부관계 등 여러 가지 어려움에 관해서 아이에게 부담이 안 되도록 하세요.

28. 자존감을 손상당하게 되면 어느 누구라도 자신의 소중한

그 무엇을 빼앗겼다는 느낌을 갖게 됩니다. 아이의 사소한 언행을 귀담아듣고 존중해 주세요.

29. 자신의 존재 가치를 굳게 믿을 수 있는 사람으로 키워야 합니다. 나의 생명의 소중함, 나의 존재의 소중함, 나의 능력을 믿는 마음을 키워 주는 일이 부모가 해야 할 가장 큰 일입니다.

30. 어른들이 별 뜻 없이 던진 부정적인 말들이 평생을 좌우할 수도 있습니다. 한 상담 학생이 어릴 적에 이웃 사람들이 와서 이야기하는 중에 우연히 "앞니가 벌어져 있으면 남들과 어울리지 못하고 외롭게 지낸다."라는 말을 들었다고 합니다. 그 말이 그 학생에게는 낯선 사람을 낯가리게 만들어 사람과 어울리는 데에 어려움을 겪게 했습니다. 아이가 있는 곳에서는 부정적인 표현을 주의해야 합니다.

내 편이 되어 준 아빠

<성적표 나오는 날(Zeugnistag)>이라는 독일 노래는 부모님께 형편없는 성적표를 내밀지 못하고 부모님의 서명을 날조한 경험담을 가사로 한 것입니다. 교장 선생님이 거짓 사인이라는 것을 알고 부모님을 학교로 불러서 확인하는데, 학생의 아버지께서는 사실을 말하지 않고 자신이 사인한 것이라고 몇 차례나 확인했습니다. 아들의 잘못을 꾸짖기보다 오히려 아들 편을 들어 주었습

니다. 이 노래에서는 부모님이 아들의 잘못을 감싸는 모습으로써 아들에 대한 애정과 연대의식, 큰마음을 감동적으로 노래합니다 (Patsch, 2008, 153-154).

아들의 거짓 행동을 옹호하는 듯하지만, 교장 선생님 앞에서 거짓 행동이 들통 날까 봐 두려움에 떨고 있는 아들의 마음을 알아보고, 아들의 거짓 행동을 꾸짖는 대신에 오히려 두려움에 떨고 있는 아들의 마음을 풀어 주고 두려움을 없애 준 것입니다. 아들을 통째로 굳게 믿고 있다는 아버지의 마음이 전달되어 감동을 낳았고, 오히려 믿음과 사랑으로 아들이 반성의 계기를 갖게 된 장면입니다. 아들을 신뢰하고 있는 아버지의 마음이 앞으로 살아갈 아들의 미래에 큰 에너지가 될 것입니다.

31. 작은 언행이든 큰 언행이든 아이에게 관심을 보이고 아이의 문제를 함께 잘 들어 주세요. 아이는 늘 엄마 아빠의 관심을 필요로 합니다.

32. 아이에게 집안일을 가르칠 때는 아이가 차분하게 해낼 수 있도록 단계적으로 나누어서 준비하도록 하여, 꼼꼼히 정확한 방법을 예시하면서 천천히 따라 하도록 하세요.

33. 아이의 나이에 걸맞은 실천 가능한 것을 기대하세요. 두 살 난 아이에게 열 살짜리 아이가 할 일을 기대하거나 열 살짜리 아이를 일곱 살짜리 아이처럼 취급하지 마세요. 자존

감을 손상당하게 됩니다.

34. 아이의 장점과 약점이나 흠을 있는 그대로 수용해 주세요. 아이 스스로 자신의 됨됨이를 자연스럽게 받아들일 수 있도록 도와주세요.

35. 우리 아이는 다른 아이들과 비교될 수 없는 사람이며, 보편적 인류의 한 사람으로서 독특한 '나'임을 알도록 지도하세요.

36. 엄마 아빠가 아이의 좋은 삶을 위해서 헌신할 수 있다는 점을 알게 해 주세요. '나는 너를 사랑한다. 그리고 너를 위해서라면 무슨 일이든 너와 함께 할 수 있다.'고 말해 주세요.

37. 받는 것보다는 주는 것이 더 크다는 점을 알도록 해 주세요. 받기보다 서로 주기를 더 권하면 언젠가는 다시 돌아온다는 순리를 터득하도록 하세요. 더욱이 가족 간에는 받기보다 주는 것이 더 큰 미덕이라는 점을 알도록 해 주세요.

38. 아이가 엄마 아빠로부터 안전하게 보호받는 느낌이 들게 해 주세요. 그러나 지켜야 할 것은 분명히 지키도록 하세요.

39. 아이가 엄마 아빠로부터 보살핌을 받고 있고 사랑을 받고

있다는 것을 느끼도록 다정하게 도와주세요.

40. 아이를 잘 보살펴 주고 다정한 대화로 아이 말을 잘 들어 주세요.

창문에 비친 '나'가 아닌 거울에 비친 '나'를 찾도록 도와주세요.

41. 아이가 우연히 갖게 된 좌절감이나 스트레스를 해소해 주기 위해서 아이의 마음을 읽어 주는 대화와 소통이 필요합니다. 엄마 아빠가 적절한 이야기를 하면서 풀어 가도록 안내해 보세요.

42. 종교를 차별하지 말고 성당 또는 교회나 절에서 하는 행사에 아이가 참여할 수 있도록 해 보세요. 특정 종교를 주입하여 종교에 대한 편견을 갖지 않도록 하는 것이 좋습니다. 크리스마스 때는 성당이나 교회 행사에 참여하는 기회를 마련하고, 석가탄신일에는 절 행사에도 참여할 기회를 마련해 보세요. 신앙을 가진 부모에게는 어려운 일이나 아이의 입장을 깊이 생각하면 시도해 볼만한 일입니다.

43. 함께 계획을 세우고 문제를 풀어 가고 여행도 할 수 있는

'가족팀'을 만들어 보세요. 가족이 하나의 공동체가 되어 서로 지혜를 짜내서 복잡한 문제를 해결하고 처리하는 능력을 만들어 자신의 존재감과 효능감을 확인하는 계기가 될 수 있습니다.

44. 가끔 저녁 시간이나 주말을 활용하여 아이와 함께 도서관에서 시간을 보내 보세요. 책과 친해질 수 있고 책을 탐색하는 마음을 길러 줄 수 있는 계기가 됩니다.

45. 아이에게 엄하게 하지 마세요. 아이들은 엄한 것을 싫어합니다. 엄하게 하면 아이는 불안해지며, 스스로 부족한 사람이라는 생각을 갖게 할 수도 있습니다. 조심해야 할 일입니다.

46. 사랑은 뭘까요? 아이에게서 부족하고 필요한 것을 지적하는 것보다도 말없이 행동으로 메꾸어 주는 일입니다. 아이에게 필요한 것이 무엇인가를 알고 미리 챙겨 주는 일이 사랑입니다.

47. 사랑하는 사람을 위한 시간을 만들지 않으면서 사랑을 말할 수는 없는 일입니다. 아이에게 '사랑은 시간이다.'라는 점을 알 수 있도록 가르쳐 주세요. 아이에게 '사랑은 시간이다.'를 써 보도록 하고 체험해 보도록 해 보세요.

48. 자기 자신이 스스로 '나'를 좋아하고 '나'를 사랑하고 즐길 수 있는 아이가 된다면, 더할 나위 없이 좋은 것은 없습니다. 결국 '나다움'을 찾는 일을 도와주는 엄마 아빠가 좋은 엄마 아빠입니다.

49. 엄마 아빠가 아이를 100% 믿고 있고, 아이가 최선을 다할 수 있도록 뒤에서 든든하게 밀어 주고 있다는 것을 느끼게 해 주세요.

50. 잘살고 못사는 사람을 가리지 말고, 피부색이 다르더라도 차별하지 말고, 종교가 다르더라도 편견에서 벗어나 선한 마음으로 친절하게 소통할 수 있도록 알려 주세요. 모두가 다 같은 사람이지만 서로 다른 생활습관과 태도를 갖고 있다는 점을 알아 가도록 하세요.

로봇다리 김세진의 자존감과 엄마의 헌신

태어날 때부터 오른쪽 무릎 아래, 왼쪽 발목 아래, 오른손 두 손가락이 없는 김세진 씨는 재활치료로 수영을 시작했는데, 11세엔 자유형 400m 아시아 기록을, 13세엔 자유형 800m 세계기록을 세웠습니다. 2011년에는 뉴욕 허드슨강에서 열린 10km 장거리 수영에서 18세 미만 1위라는 기록을 달성했습니다. 2016년에는 패럴림픽이 아닌 리우데자네이루 올림픽 수영마라톤 남자 10km 최종예선에 나서기도 했습니다. 장애인 수영계의 '레전드'인 그는 리우 올림픽이 끝난 후 은퇴를 선택했고, 지금은 법무법인(유) 율촌 인사팀에서 일반 직장인으로서 완전히 다른 삶을 살고 있습니다.

그의 말에 의하면, "어린 시절 늘 입에 달고 살았던 말은 '안 해요.' '못해요.' '싫어요'라는 세 마디뿐이었는데, 그런 그에게 어머니는 가지지 못한 것보단 제가 가진 것을, 할 수 없는 것보단 할 수 있는 것들을 가르쳐 주셨고, 제가 가진 것과 할 수 있는 것들이 많다는 것을 알게 되니 새롭게 시도하고 싶어지는 것들이 많아지더라고요. 그렇게 시작된 도전이 또 다른 도전을 만들어 일반 올림픽 10km 마라톤에도 출전하는 쾌거를 이룰 수 있었습니다. 앞으로도 저는 저의 단점보단 장점을 바라보며 긍정적으로 살아 보려고 합니다."라고 말하고 있습니다.

그는 15세에 성균관대학교 스포츠과학과에 입학했다가 올림픽 출전 이후로 운동을 벗어나 더 넓고 깊이 있는 공부를 하고 싶고, 세상을 배우고 싶어서 은퇴를 선언하고, 또 한 번의 도전을 하여, 뉴욕주립대학교로 편입해 경영관리학(business management)을 공부했습니다. 2023년 현재 율촌 인사팀에서 다양한 공익 활동 프로그램, 행사 등을 기획하며 공적인 일에 이바지하고 있습니다. 그는 지금도 국제올림픽위원회(IOC) 위원이 되는 꿈으로 가는 과정에 있습니다[여성신문(http://www.womennews.co.kr)].

김세진 씨가 이렇게 성장하기까지, 어머니 양정숙 씨의 큰 지지와 헌신이 있었습니다. 입양할 때 생활이 넉넉하지 않았음에도 가족과 남편을 설득하여 불구의 몸을 지닌 세진이를 데려와 굳게 믿고 사랑으로 부족한 것을 채워 주면서 길러 냈습니다. 어릴 적에, 엄마는 세진이를 걸을 수 있게 하는 것이 유일한 목표였는데, "세진아, 걷는 것이 중요하지 않아, 네가 걷다가 넘어졌을 때 다시 일어날 줄 아는 것이 더 큰 일이야! 혹여, 못 일어날 경우, 누군가에게 손을 내밀 줄 아는 것도 용기 있는 사람이야."라고 힘을 북돋아 주었습니다.

김세진 씨는 자신을 굳게 믿고 지지해 주신 어머니의 헌신에 힘입어 장애를 극복하고 국가대표 선수가 되었습니다. 그는 자신을 굳게 믿었기에, 남들이 생각하지 못한 새로운 도전으로 새 삶을 살아가고 있습니다. 그는 갖지 못한 것보다 가진 것을 소중하게 여겼고. 할 수 없는 것보다 할 수 있는 것을 찾아, 크게 키워 냈고, 단점에 주눅 들지 않고 숨은 장점을 찾아 키워 냈습니다. 자존감이 높은 어머니의 헌신과 자존감이 높은 자신의 노력이 현재의 행복한 삶을 만들어 냈습니다.

51. 다이아몬드는 진흙 속에 있더라도 항상 다이아몬드로서 존재하듯이, '나'는 언제나 변함없이 그대로 다이아몬드처럼 빛나는 존재입니다. 나의 존재 가치는 내가 소중하게 아끼고 존중할 때에 살아납니다. 바로 그 일이 '나다움'을 찾는 길입니다.

어떤 경우에도 절대로 주눅 들지 마세요.

당신은 하느님의 하나밖에 없는 외동아들, 외동딸이며,

아직 깨닫지 못했으나 이미 부처님입니다.

이 사실을 믿으면 그 누구도 당신을 주눅 들게 하지 못합니다(혜민, 2012).

52. 사랑이란 있는 그대로를 받아들이고 아껴 주는 것입니다. '사랑하는 이가 이랬으면 좋겠는데.' 하고 바라는 건 사랑이 아닌 욕심의 투영입니다. 내 인생을, 사랑하는 아이를 통해 살려고 하지 마세요. 아이 자신의 인생을 살도록 놓아주는 것이 진정한 사랑입니다.

이 세상 명품 옷은 바로 자신감이라는 옷입니다(혜민, 2012).

53. 날마다 규칙적으로 해야 할 일들을 써서, 잘 보이는 곳에 붙여 놓고 잊지 않도록 하세요.

54. 아이는 태어났을 때는 편견을 모릅니다. 그런데 커 가면서 엄마 아빠의 언행과 가르침 그리고 이웃으로부터 배웁니다. 사람으로서 엄마 아빠가 완벽할 수는 없으나, 가능하면 아이에게 엄마 아빠의 편견을 주입하지 않도록 조심하세요.

바보 빅터의 자존감

'빅터'는 한 교사의 실수로 IQ 73으로 알려져 학교에서 모든 사람으로부터 지능이 떨어지는 아이로 낙인이 찍혔습니다. 발명경

진대회에서 '소리 나는 리모컨'을 생각해 냈으나 이를 믿어 주지 않고 오히려 표절한 작품이라고 따돌림을 당하고, 빅터의 등에는 '바보 저능아'라고 쓰인 종이가 붙여졌고, 빅터의 사물함에는 'IQ 73'이라는 글자가 적히기도 했습니다. 이런 잔인한 괴롭힘을 당하고 학교를 계속 다닐 수가 없었습니다. 그러나 좋은 선생님이 한 분(레이첼) 계셨는데, 빅터에게 "학교에서 하는 공부가 다가 아니야. 항상 무언가를 관찰하고 배워야 더 나은 사람이 된단다. 어디에서든 열심히 보고, 배워야 해, 절대 포기해서는 안 된다. 알았지?" 하면서 격려해 주었습니다. 빅터는 자신을 믿었고 혼자서 공부를 했는데, 고물상에서 얻어 온 브리테니커 백과사전 24권을 다 읽고 밑줄 치면서 공부했습니다. 빅터는 아버지와 여행 중에 고속도로 광고판에 쓰여 있던 수학문제를 풀어, 애프리 회사에 특채로 합격했습니다. 그 후 빅터는 모교를 방문하여 레이첼 선생님의 안내로 졸업생 자료실에서 자신의 학적부를 볼 수 있었는데, 그때 확인한 IQ가 173이었습니다. 빅터는 뒤늦게 실력을 인정받게 되었고, 끝내는 멘사 회장을 맡아 일했습니다.

그의 친구인 로라 역시 '못난이'로 살았으나 성인이 되어 작가로 성공했습니다. 빅터는 아빠와 선생님의 믿음과 격려에 힘을 얻었고, 로라는 선생님의 신뢰와 격려에 힘을 얻었습니다. 이 둘은 타인의 시선과 편견으로 괴롭힘을 당하고 따돌림을 당하는 힘겨운 시간을 보냈으나, 바보 못난이라고 놀림을 받으면서도 쓰디쓴 좌절과 고통을 이겨 낼 수 있었던 것은 자신을 사랑하고 굳게 믿어 준 좋은 아빠와 선생님이 곁에 계셨고, 스스로 외부의 괴롭힘과 편견에 굴하지 않고 자신을 믿고 자신의 즐거움을 찾아 일을 했으며, 결국에는 자신만의 빛깔과 향기를 찾았기 때문입니다.

놀이 시간

놀이는 창의력을 키우는 활동으로 활용하세요.

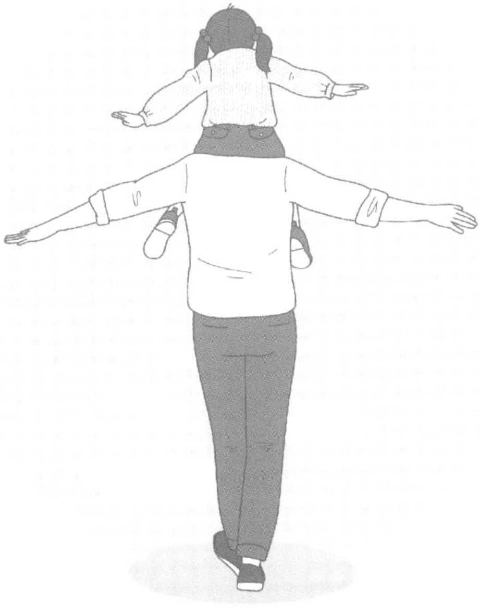

다 다르다

추수철에 볼 수 있는 장면입니다.
쌓아 놓은 볏짚 더미들이 모두 같은 것 같지만
다 다른 모습을 하고 있습니다.
이렇게 아이들도 겉으로는 같아 보일 수 있지만
다들 각기 자신의 빛깔을 가지고 있습니다.

1. 아이가 하고 싶어 하는 것들을 함께 써 보세요. 이달에 하고 싶은 일이나 올 한 해 동안 하고 싶은 일을 함께 적어 보세요. 예를 들면, 일주일에 책 두 권 읽기, 자전거 타기, 스키 중급코스 끝내기, 보드 타기 등이 될 수 있습니다. 이는 아이의 마음을 어른이 함께 존중하는 일입니다.

2. 아이가 배우고 싶어 하는 프로그램들을 찾아 일정에 맞는 것을 골라서 배우도록 해 주세요. 피아노, 태권도, 서예, 바둑, 댄스, 연극, 택견, 텀블링, 농구, 축구 등을 등록해 주세요.

3. 놀기 전에 먼저 과제와 할 일을 마무리하도록 지도해 주세요. 스스로 자신을 책임지는 행동을 격려해 주세요.

4. 여러 가지 기분 좋은 말을 해 주세요. '너는 우리 집 예술가!' '너는 우리의 내비게이터!' '너는 우리 가족의 역사가!' '너는 우리의 희망!' 등의 말을 해 줄 수 있습니다.

5. 아이들에게는 나쁜 뜻이나 의도가 없으면서도 다른 아이들을 놀려 대기도 하고 비꼬는 일들이 가끔 있습니다. 어느 때는 상당히 지속될 때도 있으나, 그 순간을 그냥 지켜봐 주면 됩니다. 그러나 어린 아이들에게 나타난 일시적인 현상입니다. 커서는 지속되지 않도록 해야 합니다.

6. 그림 그리기, 게임하기, 공차기, 만들기 등 아이와 함께 즐길 수 있는 놀이를 하세요.

7. 가끔 일정 시간(일주일 또는 사흘 동안) 텔레비전 시청이나 게임을 중단하고, 아이의 사진을 정리하거나 아이가 원하는 놀이를 함께 즐기는 시간을 마련해 보세요.

8. 명화 감상의 날을 만들어 가족이 함께 영화를 감상하고 감동과 느낌을 함께 이야기하는 시간을 가져 보세요.

9. 목공예나 뜨개질 또는 공기놀이 등 엄마 아빠가 익숙한 기능들을 가르쳐 주세요.

10. 아이와 함께 그림 그리기, 흙놀이, 또는 콜라주나 창의적인 새로운 무엇을 만들면서 예술적인 공감대를 만들어 보세요.

아이가 공부를 잘하든 못하든 모두가 당당하게 '나'의 삶을 살아갈 수 있도록 도와주는 어른이 곁에 있어야 하고, 그런 학교가 필요합니다.

11. 아이들과 함께 좋아하는 노래를 부르고 즐겨 보세요. 엄

마 아빠를 위해서 자신들이 좋아하는 노래를 불러 보도록 하면서, 그 노래가 왜 좋은지, 무슨 노래인지 등에 관한 이야기를 들어 보세요.

12. 운동이나 어떤 연습을 할 때 특별한 기술이나 고난도의 기능을 필요로 하는 일에 엄마 아빠가 거들어 주면서 익힐 수 있도록 도와주세요.

13. 집이나 차 안에서 아이와 함께 책을 읽기도 하고 오디오 테이프를 함께 즐겨 보세요.

14. 텔레비전 보는 시간을 제한하세요. 특별히 좋은 프로그램을 정해 놓고, 정해진 시간에만 볼 수 있도록 제한하세요. 텔레비전을 보는 것보다는 아이의 창의적인 생각과 풍부한 생각을 더 키울 수 있는 놀이나 만들기를 권해 보세요.

15. 영화를 함께 감상하거나 책을 읽어 주기도 하고 함께 역할극을 하면서 아이의 상상력과 창의력을 계발하도록 도와주세요.

16. 가족끼리 가끔 노래나 운동, 또는 연주, 글짓기, 태권도, 택견 등 장기자랑 같은 것을 시연할 기회를 갖도록 하세요. 그리고 칭찬과 격려의 말로 긍정적인 힘을 갖도록 해 주세요.

17. 아이가 캠핑하러 갈 때, 짐 속에 간단한 편지를 써서 보내 보세요. '오늘 새로운 친구를 사귀어 보렴! 사랑한다. 엄마가.' '오늘도 엄마는 너를 생각하고 있어. 잘 다녀오렴! 토요일에 만나자!'와 같은 글을 써서 가방이나 짐 속에 붙여 줘 보세요.

18. 탁구, 윷놀이, 장기, 바둑, 축구, 농구, 수영 등 게임을 아이와 함께 하는 시간을 가지세요. 어른들이 아이와 함께 놀아 주면 아이는 자신이 인정받고 있다고 믿으며, 자신감을 얻습니다.

19. 아이가 주말 여행이나 캠프에서 돌아오기 전에 아이가 볼 수 있도록 집 문 앞에 '환영한다!'와 같은 프랑이나 포스터를 붙여 주세요.

20. 카드, 조개껍질, 차 종류, 동전, 장난감, 돌 등을 수집하고 목록을 만드는 일을 해 보도록 하세요.

튼튼한 뿌리

선생이란 자라는 나무가 굽지 않게 버팀목을 세워 주고, 비료를 주고, 물을 주고, 곁가지를 쳐서 그 나무가 잘 자라도록 도와주는 사람을 가리키는 말입니다. 나무가 바로 자라려면 그 뿌리가 올바로 박혀야 하는데, 그 뿌리가 올바로 박히도록 도와주는 사람

이 선생인 것입니다(한정식, 2006, p. 106). 이는 엄마 아빠가 아이에게 해 줄 수 있는 일이기도 합니다.

21. 아이가 운동할 때에는 온 힘을 다하여 몸을 움직이고 있는지, 학습할 때는 집중하는지, 자신에게 맞는 최선의 것을 찾으려고 애쓰는지, 일을 할 때는 성과를 만들어 내려고 몰입하는지 등 자신의 일에 최선을 다하는지에 관해서 관심을 가지고 살펴서 도와주세요.

22. 운동하거나 수영을 하거나 산책을 할 때 몸동작을 바르게 하도록 도와주세요.

23. 아이와 함께 놀이를 해 주세요. 단 5분, 10분일지라도, 게임을 하거나 숨바꼭질을 하거나 공놀이, 또는 말 이어 가기 등을 하면서 친밀한 관계를 만들어 보세요.

24. 아이가 좋아하는 운동을 할 수 있도록 격려하고 기본 기술을 익힐 수 있도록 가르쳐 주세요.

25. 가끔 경쟁적인 운동이나 전문가적인 완벽한 훈련을 시키기보다는 가벼운 달리기, 수영, 사물놀이, 인라인, 태권도, 피아노 연주 등을 혼자서 즐기도록 해 주세요.

모범 인물 이야기

큰 인물을 깊이 접할수록 그만큼 더 큰 사람이 될 수 있습니다.

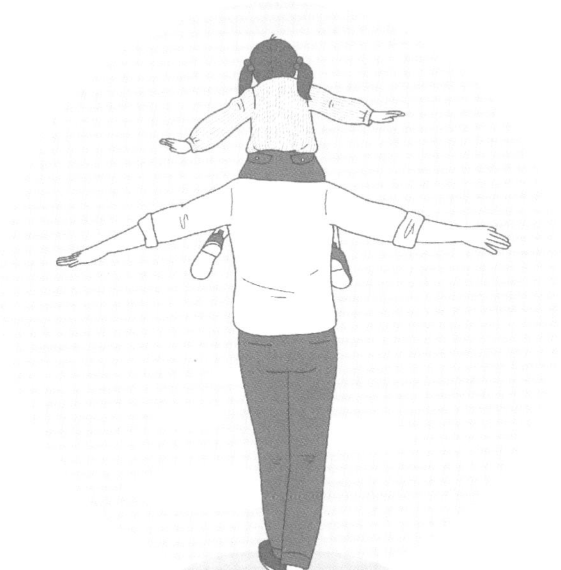

내가 나를 지켜야 한다

내가 나를 지키지 못하면

나다움을 찾을 수가 없습니다.

1. 존경스러운 인물들에 관해서 이야기해 주세요. 각각의 인물이 지닌 좋은 점과 업적을 이야기해 주며, 아이가 배울 점을 얻을 수 있도록 자세하게 설명해 주세요.

2. '어떤 사람이 영웅일까?' '무엇이 영웅을 만들었을까?' '어떻게 다른 사람에게 친한 사람이 될 수 있을까?' '지금까지 살아오면서 가장 어려웠던 일이 무엇이었을까?' 등 깊은 이야기를 하면서, 함께 하루 정도 밤을 지새우기도 해 보세요.

3. 아이에게 유명한 인물들을 소개해 주세요. 사회 발전이나 튼튼한 나라를 위해서 힘들고 어려운 일들을 극복했던 큰 인물들이 지닌 용기와 지혜를 느낄 기회를 만들어 보세요. 예를 들어, 세종대왕, 이순신, 강이식, 장영실, 장보고, 김구, 원효대사, 최제우, 방정환, 김대건, 안중근, 정약용, 아인슈타인(Einstein), 노벨(Novel), 만델라(Mandela), 타게 엘란데르(Tage Erlander), 마틴 루서 킹(Martin Luther King), 최근 인물로 호세 무히카(José Mujica), 메르켈(Merkel), 허준이, 방시혁 등을 아이에게 소개하면서 그들의 성품을 본받을 기회를 만들어 보세요.

4. 엄마 아빠의 가치관을 알 수 있도록 함께 이야기 나누어 보세요. 젊었을 때 좋은 신념을 형성하게 했던 중요한 계기라든가 인생의 신념을 형성하게 된 배경 등을 설명해 주세요.

5. 학자, 과학자, 저술가, 지도자, 예술가, 기업인, 종교인 등 위대한 업적을 남긴 사람들의 업적을 설명해 주세요. 위대하다고 평가받는 사람들의 책이나 성과물을 보거나 감상하고 들을 수 있도록 해 주며, 그들의 삶과 세계관 그리고 가치관과 신념 등에 관해서 이야기해 주세요. 때로는 그들의 생일을 맞이하여 함께 생생한 체험을 만들어 보세요.

6. 탁월한 업적을 남긴 인사들과 함께하는 시간을 가져 보세요. 교사, 종교 지도자, 교수, 지역사회 유명인사, 예술가 등의 영상을 보거나 강연회에 참석하여 그분들의 좋은 점을 찾아보고 성과를 남기기까지 한 노력이나 비법을 스스로 발견해 보도록 하세요.

7. 훌륭한 인물에 대한 글을 읽어 주고 그를 주제로 토의하고 좋은 점을 자신의 생활에서 어떻게 실천할 수 있는가에 관한 이야기도 나누어 보세요.

8. 아이가 관심이 있는 분야의 좋은 조언자를 만나도록 해 주세요. 아이가 만약 의술에 관심을 두고 있다면 의사를 접하게 해 주고, 미술에 관심을 둔다면 화가를 만날 기회를 마련해 주세요.

9. 집안의 시조나 유명한 분들을 소개하여 주세요. 가족에 대

한 자부심을 갖는 데 도움이 됩니다.

앙겔라 메르켈의 자존감

독일 전 총리, 앙겔라 메르켈(Angela Merkel)은, '유로존의 위기 극복 구원자' '유럽의 여왕'이란 별칭을 가지고 있습니다. 그는 태어난 지 8주 만에 그의 아버지, 호로스트 카스너(루터교회 목사)가 선교활동을 위해 동독으로 가게 되어 35세까지 동독에서 살았는데, 수학과 러시아어에서 탁월한 재능이 있었고, 고교 졸업 후 라이프치히대학에 진학하여 물리학을 전공했는데, 1978년, 24세에 대학 졸업 후 동독과학학술원의 연구원으로 채용되어, 1989년 동독이 무너질 때까지 과학사로 살았습니다. 통독 후에 그는 동독 민주개혁당에 입당하였으나 지지율이 낮아 패배했는데, 그에 멈추지 않고 자신을 알리는 일에 나섰습니다. 동독기독교민주당의 데메지에르(de Maiziere) 총리를 만나 자신을 소개했고, 입당 몇 달 후 그는 새로운 동독정부의 부대변인이 되었습니다. 독일 통일이 완성되기까지 서독, 동독, 미국, 영국, 프랑스, 소련(2+4)과 협상과정에서 동독은 소련과의 협상을 맡게 되었고 여기서 그는 탁월한 러시아어 실력으로 협상력을 발휘하면서 독일 전역의 유명 인사뿐만 아니라 세계 강대국 관료들에게 알려지게 됩니다.

1990년 10월 3일, 독일이 통일되었고 통일정부의 첫 여성청소년부 장관을 맡았습니다. 그가 처음 부딪친 난관은 찬반의견이 극열한 낙태법이었는데 이를 원만히 해결하여 정치적 입지를 굳혀 갔습니다. 그는 1999년 독일 기독교민주연합(기민련)의 사무장을 맡아 중견 정치인으로 성장하게 되는데, 2000년 4월 전당대회에서 선거인단 95%의 지지로 당수가 되어 2005년 총리로 등극합니다.

그는 독일 역사상 최연소 장관, 최초 여성 총리로서 16년간 집권한 최장수 총리가 되어 퇴임 직전까지 75%가 넘는 지지를 얻고 명예로운 퇴진을 했습니다.

앙겔라 메르켈은 뛰어난 지적 능력과 사전 같은 선명한 기억력, 강한 체력, 강한 권력의지와 좋은 운을 누린 사람인데, 누구에게나 필요하면 도움을 청했고 배웠습니다. 타인의 인정에 의지하기보다 자신의 판단을 더 믿는 자신감이 넘친 사람이었습니다. 그는 웅변보다는 우직한 경청을 택했고, 실수를 인정하고 새롭게 배우는 것을 부끄럽지 않게 생각했습니다. 그런 결과로, 원자력을 당연시했던 그가 후쿠시마 사고 이후 탈핵을 추진하는 환경주의자로 변신했고, 팔레스타인 난민 소녀와 대화한 이후 백만명 난민을 받아드린 전대미문의 환대정치를 펼치기도 했습니다. 그는 자신에게 도움이 될 만한 사람들을 찾아 '내가 도움이 될 수 있는 사람임을 알리고, 비웃고 냉소적인 사람들에게 신경을 쓰지 않고 조용히 힘을 키우며 성과로 증명해 보이고, 게임법칙에 충실하기보다는 예상을 뛰어넘는 아이디어로 기습적으로 치고 나가는 재간을 갖기도 했습니다.

그는 16년 동안 능력, 수완, 헌신 및 성실함으로 8천만 독일인들을 이끌었는데, 재임기간 법위반과 비리가 없었고, 어떤 친척도 지도부에 임명하지 않았습니다. 그는 사진 찍히려고 베를린 골목에 나타나지 않았고, 패션이나 빛의 유혹에 홀리지 않고 부동산, 자동차, 요트 및 개인 제트기 등 사치와는 거리가 멀었습니다. 16년 동안 한결같이 그는 한 가지 옷만 입었습니다. 그는 '집 청소와 음식준비는 집에서 남편과 함께했고, 손수 옷을 손보고, 남편은 세탁기를 돌렸으나, 대부분 이 일은 무료전기가 가능한 밤 시간에

했는데, 이웃에게 피해를 끼치지 않기 위한 것이었습니다. 그는 정년 후에도 총리로 선출되기 전에 살았던 평범한 아파트에 살았고, 별장, 수영장, 정원도 없고 검소하고 꾸밈없는 보통사람으로 살고 있습니다.

앙겔라 메르켈은 자신을 굳게 믿었으며, 자신의 흠이나 잘못을 솔직히 인정하고 사람들에게 겸손하게 다가가 경청하고 배려와 침착함, 여유로움을 갖추고 소통을 원활하게 했으며 기회가 오면 민첩하게 그것을 자신의 것으로 만들어내는 순발력을 지니고 있었습니다. 그는 무티(독일어로 어머니)라고 칭해지는 것처럼 만나는 사람들에게 다정하고 친절했습니다. 사람들 모두가 자신과 똑같은 존재임을 일찍 깨달았고, 주어진 권한을 사람들과 나누어 갖는 지혜로움을 가진 사람입니다. 그에게서 자신만의 멋과 여유, 굳건한 자존감을 발견합니다.

특별한 날 맞이하기

특별한 시간을 기억에 남도록 해 보세요.

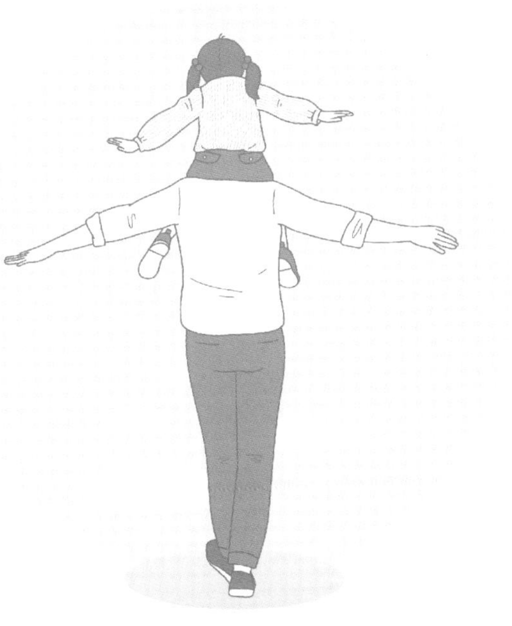

새로운 나를 맞이하다

무리지어 함께 앉아 어울리다가 혼자 비상하는 모습입니다.
새로운 '나'를 찾았을 때 아마도 이런 모습과 같지 않을까 싶습니다.

1. 자전거 타기를 배운 첫날, 한글을 읽기 시작한 날, 좋은 점수를 받은 날, 바둑을 처음 배운 날, 장기를 처음 배운 날, 축구 시합에서 골을 넣은 날, 태권도장에서 상을 받은 날, 이 뺀 날, 학교 첫날, 방학 첫날, 상 처음 받은 날, 첫 공연 등 특별한 날을 챙겨서 특별히 축하해 주세요.

2. 아이가 친구들에게 생일과 같은 날이나 기쁜 일이 있을 때 함께 기뻐해 주고 보살펴 주면서 서로 믿을 수 있는 좋은 관계를 만들어 갈 수 있도록 도와주세요.

3. 생일을 맞이하여 특별 서비스를 해 보세요. 아이가 좋아하는 음식을 준비하여 식탁이 아닌 침대에서 먹어 보도록 특별 서비스를 해 보세요. 특별히 아이가 자신의 존재감을 느낄 수 있는 기회가 될 수 있습니다.

4. 가족 행사에 참석해서 가족 유대감을 갖는 경험을 갖게 해 주세요. 예를 들면, 함께 나무를 심거나 꽃 장식을 하거나 음식을 만들고 서로 선물을 교환하는 일, 또는 어려움을 겪고 있는 가족에게 위로의 마음을 표시하는 행동 등은 서로 존재감을 높이는 일이며, 가족애를 쌓아 가는 일입니다.

5. 자녀들에게 자원봉사 우편물 라벨 붙이기, 노숙자에게 음식 나눠 주기 같은 자원봉사활동을 해 보도록 하세요.

6. 다음에 올 생일날을 위해서 타임캡슐을 만들도록 해 보세요. 작은 상자에 사진이나 기념품 또는 생일 축하글 등을 넣어 두고, 날짜를 써서 안전한 곳에 숨겨 보관하도록 도와주세요.

7. 아이의 생일을 맞이하여 얼마나 자랐는지, 얼마나 생각이 컸는지, 얼마나 몸과 마음이 달라졌는지를 깨달을 수 있도록 이야기해 주세요.

8. 생일날이나 명절날 또는 석가탄신일이나 성탄절을 맞이해서 가족에게 손수 만든 선물을 제공하거나 가족을 위한 특별 서비스를 하도록 아이에게 권장해 보세요. 편지를 써서 마음을 전하도록 할 수 있습니다. 아이가 특별히 소속감과 사랑을 체험하게 됩니다.

9. 추석 명절에는 송편을 함께 만들면서 아이를 상징하는 표시를 그려 넣어, 완성된 송편을 상에 올렸을 때 같이 찾아보세요. 가족이 함께 성취감을 체험하며 즐길 기회가 됩니다.

10. 여행할 때에는 여러 장소에서 그림 엽서에 특별한 메시지를 넣어 아이에게 보내 보세요. 멀리서 여행 중이라도 아이의 존재를 늘 생각하고 있는 엄마 아빠의 마음을 느끼게 해 줄 수 있습니다.

변할 수 없는 사람의 가치

만 원권 지폐는 구겨져도 만 원의 가치가 있습니다.

만 원권 지폐를 신발로 밟아 뭉개더라도 그대로 만 원의 가치를 지니고 있습니다.

만 원권 지폐는 아무리 낡았더라도 그대로 만 원의 가치를 지니고 있습니다.

그러하듯이 사람은 아무리 부자이든 가난한 이이든 똑같은 가치를 지니고 있습니다. 장애가 있거나 없거나, 잘살든 못살든 사람으로서의 가치는 똑같습니다. 공부를 잘하든 못하든 똑같은 사람으로서 가치를 지니고 있습니다. 설령 내가 실패를 하더라도, 좌절하더라도, '나'란 사람은 똑같은 가치를 지니고 있습니다.

11. 다른 사람들을 도와줄 기회를 마련해 주세요. 예를 들어, 청소년쉼터에 헌 옷이나 장난감을 선물하거나 유아보호소에 어린이 용품을 전하는 기회를 갖도록 해서 남을 위해 아이 자신이 무엇인가를 할 수 있다는 자신감을 느끼게 해 주세요.

12. 연말에 그해에 가장 기념이 될 만한 추억거리들로 가족 포스터를 만들어 보세요. 벽 게시판에 각자 그린 그림이나 말을 써 붙이거나 잡지나 신문에서 오린 기사나 사진 등을 붙여 놓고 함께 보고 즐길 수 있도록 해 보세요.

13. 입학식이나 졸업식, 또는 생일잔치나 가족 행사 등 아이가

참여했던 행사의 사진을 촬영하여 앨범을 만들어 함께 보면서 이야기해 주세요. 가족에 대한 소속감을 느끼고 자신이 소중한 존재임을 느끼게 됩니다.

14. 스승의 날에는 선생님께 고맙다는 편지를 써서 배움에 대한 고마운 마음을 표하도록 하세요.

15. 협동하는 단체나 지도력을 키우는 단체, 팀워크를 키우는 단체, 봉사활동, 어려운 이웃을 돕는 일, 학급 친구와 캠핑 가기 등 단체활동에 참여하도록 해 주세요.

16. 1년 단위나 학기 단위로 가족 행사나 학교 행사 또는 휴일 행사 등을 달력에 표시해서 계획적으로 참여하고 또 추진해 보도록 하세요.

17. 엄마 아빠의 생일에 아이가 직접 만든 꽃바구니, 그림, 편지, 머그잔, 목걸이와 같은 선물을 준다면, 솜씨가 서툴러 보이더라도 기뻐해 주세요. 아이의 능력감을 높이는 데에 도움이 됩니다.

18. 생일이나 명절 또는 석가탄신일이나 성탄절 등을 맞이해서 가족 또는 친구들에게 간단한 편지와 함께 선물을 챙겨 줄 수 있도록 도와주세요.

19. 아이의 생일에는 특별한 가족 행사를 만들어 보세요. 아이의 성장 과정을 알아볼 수 있는 사진을 정리해 보여 주는 행사, 아이가 1년간 이룩한 성과들을 정리해 보여 주는 코너 만들기, 아이가 가족들을 기쁘게 해 준 일들을 정리해 보여 주는 일 등을 통해 아이의 능력감을 확인하는 즐거운 행사를 시도해 보세요.

20. 일주일에 한 번 정도는 '가족의 밤' 같은 시간을 만들어 보세요. 가족 모두 함께 영화관이나 박물관을 가거나, 게임을 함께 하거나, 좋아하는 식당에서 특식을 함께할 수 있습니다.

나는 충분한 존재

남들의 마음에 들어야 '나는 충분한 존재이다.'라고 말할 수 있는 것은 아닙니다. 인간이라는 존재로서 삶의 기쁨을 느낄 때, 삶의 확실성과 확고 부동성을 느낄 때 비로소 '나 자신이 충분하다.'라고 말할 수 있습니다. 비록 약점투성이이고 부족한 점이 많지만, 삶이라는 자체의 시각에서 바라볼 때 나는 '충분한 존재'라고 느끼는 순간들입니다. 어린 시절에는 누구나 있는 그대로의 모습으로 충분했고, 세상에 태어났다는 것만으로도 충분했습니다. '나는 충분한 존재이다.'라는 확신은 지식을 좔좔 읊을 수 있는 능력과는 무관합니다. 충분한 존재라는 느낌은 자신과 자기 자신의 삶에 대한 믿음에서 비롯됩니다(Patsch, 2008, p. 39).

21. 아이에게 노래를 불러 주세요. 가족들과 함께 노래를 부르거나 음악을 감상해 보세요. 악기를 연주할 수 있다면, 각자가 간단한 악기를 들고 리듬을 맞춰 연주해 보도록 하세요.

22. 명절, 설이나 추석을 맞이하여 그동안 커 가는 모습이나 좋아진 면을 편지로 써서 읽어 주세요. 몸의 달라진 면, 정신적으로 성장한 면, 사람들과 잘 어울리는 모습 등에 관해서 달라진 모습을 글로 써서 편지로 전해 주세요. 설에는 세배를 하니 세뱃돈에 마음이 담긴 편지를 함께 준다면, 명절의 뜻이 달라질 것입니다.

23. 운동회 또는 어린이날 행사나 시상식, 음악회나 연주회 등에 함께 참여해 보세요.

24. 아이에게 스스로 결정할 기회와 충분한 시간을 주세요. 주말 가족 나들이 장소를 결정하는 일, 집안일을 분담하는 일, 식사 메뉴를 선택하는 일 등을 할 때 결정권을 가져 보도록 하세요.

사람과 관계 만들기

자존감이 높은 사람은 이웃을 나처럼 아끼고 존중합니다.

함께

오래 묵은 모과나무로 만들어진 기둥들입니다.

두 기둥이 아름답지만 두 기둥이 각기 특색을 지니고 뽐내고 있습니다.

그리고 그 앞에 새로운 나무 한 그루가 함께하며 조화를 이루고 있는 장면입니다.

아이들도 이렇게 서로 다른 모습을 지니고 어울려 살아갑니다.

1. 경쟁에서 나의 실력을 정정당당하게 사용하기, 패자에게 격려의 말을 전하기, 승자에게 축하의 마음을 전하기 등 아이에게 늘 정당한 행동을 보여 주세요.

2. 친구들과 좋은 우애 관계를 유지할 수 있도록 도와주세요.

3. 친구들과 함께 어울려서 놀도록 하고 함께 쇼핑하면서 신발과 옷 등을 고를 기회를 마련해 보세요.

4. 아이가 친구들과 다른 자신의 처지를 잘 알고, 친구들의 관점에서 다른 상황을 살펴보는 눈을 갖도록 지도하여 친구와 서로 공감하는 관계를 갖도록 도와주세요.

5. 힘들고 따분한 일을 하는 친구를 도와서 '나'라는 사람이 그 친구에게 힘을 보태 주는 사람이 되어 보도록 하세요.

6. 다른 사람들과 갈등을 어떻게 풀고 어떻게 화해하는지를 가르쳐 주어야 합니다. 친구들, 형제들과 잘 어울려 지내는 방법을 배울 수 있도록 지도하고 안내해 주세요. 사람들과 좋은 관계를 맺는 일은 늘 중요합니다.

7. 새로운 친구가 생겼다면, 그와 나누고 싶은 음식이나 장난감을 준비하여 함께 나누어 먹고 놀이도 해 보도록 권하세요.

8. 엄마 아빠가 이웃에게 친절하고 따뜻하게 인사하며 지내고, 아이가 그런 행동을 따라 할 수 있도록 모범을 보이면서 이웃의 소중함을 자연스럽게 알아 가도록 하세요.

9. 사촌들이나 외국인과 사회관계망을 통하여 정기적으로 문자를 주고받아 보도록 하여 다양한 사람들과 교류하는 법을 알아가도록 권해 보세요.

10. 만약 병원에 입원한 친구가 있다면, 그 친구에게 조용히 책을 읽어 주거나 재미있는 게임을 함께 하거나 꽃 쟁반에 식사를 올려 갖다 주면서 따뜻한 마음을 교류하는 시간을 갖도록 해 보세요.

손흥민 선수 아버지 손웅정의 자존감

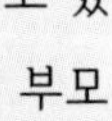

손흥민 선수의 아버지 손웅정은 '자신이 처한 삶을 있는 그대로 꾸미지도 않고 더하지도 않고 빼지도 않고 사는 것이 진정한 삶이다.'라고 하여 있는 그대로 자신을 받아들인 삶을 실현하고 있습니다. 그는 '가정은 최초이자 최고의 학교이며 아이들은 부모가 하는 말에 앞서서 부모가 어떻게 행동하는지를 먼저 보고 배운다.'라고 부모가 아이에게 어떻게 해야 하는가를 요약하여 표현합니다.

손흥민은 열 살 때에 훈련을 시작했는데 그 스스로 결정했고, 훈련 중 힘들다고 하기 싫다고 투정을 부릴 때면 늘 네가 가르쳐 달라고 했기 때문에 시작된 일이라고 매번 각인시켰다고 합니다. 손웅정은 손흥민에게 축구의 기본기를 연마시키는 데에 총력을 기울였는데, 중학교 2학년 때까지 어디에도 노출시키지 않고 나름대로 계획을 세워 기본기를 익히는 데에 중점을 두었다고 합니다. 남들이 엘리트 축구팀에 소속시키지 않고 야인처럼 훈련시키는 것을 우려하기도 했으나, 경기 경험보다도 공을 잘 다루는 능력을 더 중요하게 생각했다고 합니다. '기본기 훈련'은 혹독했는데, 매일 하루도 빠지지 않고 운동장 한 바퀴 왼발, 다음 한 바퀴는 오른발, 그다음 한 바퀴는 양발 교차하며 리프팅하는 훈련이었습니다. 볼을 골대에 차 넣는 것이 아니라 볼과 함께 달리는 것이 더 중요하다고 생각한 것입니다. 볼을 놓치면 아무리 세 바퀴째 돌고 있다 하더라도 처음부터 다시 시켰다고 합니다.

이 지점에, 자존감과 관련된 중요한 교육이 있습니다. 프로 선수가 되기 위해서 거쳐야 할 일반적 과정에서 이탈한 훈련을 외롭게 하면서도 흔들림 없이 '기본기 훈련'에 집중한 일인데, 자신에 대한 굳은 믿음과 함께 아들에 대한 깊은 믿음이 그 바탕이 되었습니다. 자존감이 없이는 이루어질 수가 없는 일입니다.

손웅정은 축구 기능을 익히는 일만이 아니라 독서를 중요하게 여겼는데, 축구에서도 인문학을 강조합니다. 삶이라는 해전(海戰)에서 책은 함선(艦船)과 같은 역할을 해 준다고 하여, 교양과 지혜를 얻기 위해서 책과 늘 함께했습니다. 지금도 그는 1년에 100권 정도의 책을 읽는다고 하는데, 중요한 부분에는 검은색, 파란색, 빨간색으로 밑줄을 그으며 정독을 하고, 그중 30권 정도는 아들 손흥민에게 보낸다고 합니다.

아빠로서 아들에게 '단지 축구선수로서가 아니라 한 명의 인간으로서 가장 행복한 순간이 언제인지 숙고하길 바라며, 어떤 결정을 내릴 때는 네가 보기에 가장 중요한 것이 이거라고 생각됐으면 망설이지 말고 곧장 그것을 해라.'라고 지지해 주었다고 합니다. '성공이란 하루하루 자신의 삶을 새롭게 만들어 가는 과정이지, 그 결과로서 주어지는 것이 성공이 아니다. 너의 상대는 국내가 아니라 세계다.'라고 하여 최선의 비전을 제시하고 스스로 자신의 최대를 달성하도록 격려하고 있는 아빠의 모습을 보게 됩니다.

아들에게 준 큰 교훈은, '세상에서 가장 무서운 사람은 욕심을 버리고 마음을 비운 사람이다. 오늘도 욕심 버리고 마음 비우고 승패를 떠나 행복한 경기를 해라'라고 합니다. 현재 손흥민은 프리미어리그가 출범하면서 프로축구의 종주국이 된 영국에서 2021~2022년 프리미어 리그 득점왕이 되었고, 명실상부한 아시아 역사상 최고의 축구선수이며, 2020년대 기준 세계 최고의 윙어 중 한 명으로 평가받고 있습니다. 문화체육부 추정 2020년 손흥민의 경제파급효과는 1조 9,885억으로 추산되기도 했습니다(손웅정, 2021 참조).

11. 어르신들이나 장애인들에게 하는 식사 배달 서비스를 도와 보도록 하세요. 전혀 낯선 사람들도 '나'와 같은 사람이라는 점을 자연스럽게 깨닫는 기회가 됩니다.

12. 시니어 타운을 방문하여 그곳의 어르신들과 함께 어울리고 노래를 불러 보거나 게임을 함께 해 보도록 하세요. 어르신들의 생신에는 편지를 써서 축하의 마음을 전해 보도

록 하세요. 불편하고 약한 사람들을 도우면서 사람에 대한 애정의 싹을 틔울 수 있습니다.

13. 어려운 처지에 놓인 이웃을 도와줄 수 있는 마음을 길러 주세요. '네가 도울 수 있는 것이 뭐가 있을까?' '가족이 함께 도울 수 있는 일은 무엇일까?' '어떻게 도울 수 있을까?'와 같은 질문을 하면서 아이가 할 수 있는 마음을 갖도록 하고, 도울 수 있는 일을 찾아보도록 하세요.

14. 이웃 가족을 초대하여 함께 지내 보세요. '이웃을 초대할 때는 집을 어떻게 꾸미는 것이 좋겠는가?' '어떻게 꾸며야 손님들이 더 좋아하고 편하게 느끼고 친근감을 느낄 수 있을까?' 등 질문을 던지면서 이웃 사람을 맞이하는 태도나 행동을 스스로 알아 가도록 안내해 보세요.

15. 가족들과 함께 일하고 이웃과 함께 일하는 모습을 보여 주세요. 아이가 살아가는 데에 이웃이 필요하다는 점을 깨달아 가는 과정이며, 사람들과 함께 어울려 사는 삶이 소중함을 스스로 알게 해 주는 과정입니다.

16. 이웃을 도와줄 수 있는 일들을 생각하도록 해 보세요. 길에서 쓰레기를 줍거나, 어르신들의 일을 돕거나, 무거운 짐을 들어 주는 등 이웃과 함께 돕고 살아가는 것을 터득하도

록 도와주세요.

17. 특별한 일이 있을 때 멀리 계신 할머니, 할아버지께 전화해서 전해 드리도록 하세요. 어려서부터 할머니, 할아버지와의 관계를 돈독하게 이어 갈 수 있도록 권해 보세요. 이는 타인들과의 관계 속에서 자신의 존재감을 키워 가는 한 방법이며, 사람들과 자연스러운 관계를 맺어 가는 행동을 습득하는 데 도움이 됩니다.

18. 다문화 가족이나 학생을 초대해 보세요. 먼 나라에서 온 사람들을 만나서 이야기하며 낯선 생활과 가치관을 접할 기회를 체험해서 삶의 폭을 넓혀 가도록 해 보세요. 나와 전혀 다른 멀리 있는 사람과도 친해질 수 있으며, 외국인도 나와 같은 사람이라는 것을 깨닫도록 하는 계기가 됩니다.

19. 우리 가족이 사는 동네나 지역의 생활과 시사 문제에 관해 이야기해 봄으로써 아이가 살고 있는 이웃에 관심을 갖도록 해 주세요. 이웃이 함께 어울려 살고 있다는 사실을 자연스럽게 체득할 수 있습니다. 나와 이웃의 존재감을 확인하는 과정입니다.

20. 아이의 생일 축하카드를 매년 모아 앨범을 만들어 주세요. 기분이 썩 좋지 않은 날이나 몸이 지쳐 있을 때는 이 앨

범이나 카드를 보여 주고 읽어 주면서 기분을 환기시켜 보세요. 그리고 선물한 사람에 관해서 이야기를 나누면서 추억을 함께 즐겨 보세요.

상처는 아무 때나 얻게 됩니다.
그러나 언젠가 아뭅니다.
시간이 걸릴 뿐입니다.

어제의 상처들은 지나갔습니다.
오늘의 '나'가 있음을 기억하고
또 내일의 '나'를 소중히 아끼세요.

21. 이사를 한다면 이사하기 전에 새로운 주소와 전화번호를 알려 주고 친구들에게 새로운 연락처를 알려서 서로 연락할 수 있도록 하여 친구 관계를 유지할 수 있도록 도와주세요.

22. 아이가 일상에서 만나는 사람들에게 어떻게 도움을 요청하는지를 가르쳐 주세요. 학교 선생님이나 가게 점원, 친구들 등 함께 살아가는 사람들에게 협조를 구하는 지혜를 터득하도록 해 주세요.

23. 아이와 함께 산책하거나 집안일 또는 세차를 하거나 쇼핑몰을 거닐면서 대화를 나누어 보세요. 엄마 아빠에게 친밀감을 느끼며 가족으로서 인정받았다는 느낌을 얻게 됩니다.

24. 가까운 이웃과 선생님, 친척 그리고 친구들로부터 강한 지지를 받도록 지원해 주세요. 가깝게 만나는 사람들에게서 지지받은 기억은 어른이 되어서도 심리적 안정을 유지하는 큰 기반이 됩니다.

25. 병원이나 요양원에 계신 할머니나 할아버지를 방문할 때에는 옆에 함께 계신 다른 분들에게도 인사를 하도록 하고, 아이가 그린 그림을 가져가서 보여 드리거나 간단한 음료 또는 사탕 같은 것을 챙겨 가서 드리도록 알려 주세요.

26. 이사를 했을 때는 새로운 이웃을 초대하여 함께 친하게 지내도록 하고, 새 학교에 일찍 함께 가서 둘러보고 학교에 쉽게 친숙해질 수 있도록 도와주세요.

27. '네가 학교에 가 있는 동안 너의 동생이 너를 많이 찾았어.' 라고 전해 주세요. 아이의 애정을 느끼고 있는 사람이 집에 있다는 점을 알리는 효과가 있습니다.

28. 형제자매끼리 서로 안아 주고 서로 다독거려 주도록 권하

세요. 그리고 잠자리에 들기 전에 서로 인사를 하면서 애정을 교류하도록 권장하세요.

29. 형제들 간에 비교하지 않도록 하세요. 아이들을 비교하여 누구보다 더 잘한다고, 못한다고 가르는 언행은 아이들의 자존감을 크게 손상시킵니다. 비교하지 말고 대신에 각자 다른 점과 좋은 점을 찾아 알려 주세요.

30. 아이에게 친구들과 식사를 함께 하는 것은 즐거운 일이라는 것을 알도록 해 주세요. 그리고 친구들과 편하게 놀이할 수 있는 공간을 알려 주기도 하세요.

무한 경쟁으로 치닫는 곳에는 나의 삶도 없고 너의 삶도 없다.
나다움과 너다움을 서로 존중하는 사회는 무한 상생하는 사회이다.

31. 어려움을 겪고 있는 사람들을 도와주는 일에 참여해 보도록 지원해 주세요. 어려움을 겪고 있는 사람들, 병간호가 필요한 사람들이나 노숙자들을 도와줄 수 있는 일이 어떤 것인가를 알아보도록 해 보세요. 어려운 일을 해낼 수 있다는 자신감을 얻을 수 있고 사람들로부터 인정받고 존중감을 얻을 수 있는 계기가 됩니다.

32. 다른 아이들, 특히 신체적으로 곤란을 겪고 있거나 새로 이사 온 아이들을 도와주도록 타이르세요.

33. 집에서 많은 이야기를 하고 진지하게 들어주면서 말하는 기술을 터득할 수 있도록 도와주세요. 소리 내서 책을 읽거나 식사 시간을 활용하여 말하는 기술을 키울 기회를 만들어 주세요.

34. 종종 아이의 어깨를 쓰다듬어 주거나 안아 주세요. 걸을 때 손을 잡아 주는 행동은 아이가 마음의 안정을 얻게 합니다. 엄마 아빠가 손을 잡아 준다면, 아이는 마음속으로 고마움과 편안함을 느끼게 됩니다.

35. 아이 스스로 한 행동이나 타인이 한 행동의 결과를 아이가 알아들을 수 있도록 자세히 설명해 주세요. 엄마 아빠와 깊고 친밀한 관계를 쌓아 가게 됩니다.

36. 아이에게 가능한 한 많이 웃음으로 긍정적인 반응을 보여 주세요. 아이들은 자신이 인정을 받는지 아닌지 늘 관심을 기울이고 있습니다. 엄마 아빠의 반응에 아이는 자신을 다시 비추어 보고 자신의 자아상을 만들어 갑니다.

37. 아이가 다른 사람과 어떻게 인사를 하고, 어떻게 웃음을

주고받고, 친구 관계를 어떻게 맺는지를 유심히 관찰하면서 아이를 북돋아 주세요.

38. 아이를 엄마 아빠의 동료와 같은 한 사람으로서 대우해 주세요. 아이가 엄마 아빠에게 무시당하지 않고 놀림을 당하지 않는다면, 아이는 다른 곳에서도 혼자서 당하는 불안이나 두려움을 겪더라도 심리적으로 안정을 찾을 수 있습니다. 엄마 아빠의 든든한 신뢰가 아이에게 안정감을 주게 됩니다.

39. 이웃집 아이 돌보기, 정원 가꾸는 일 등을 도와주면서 자연스럽게 책임감, 독립심, 협동심을 키우도록 격려해 주세요.

40. 아이에게 약속을 꼭 지키세요. '약속 지킴'은 서로가 소중하게 존중하고 있다는 사실을 확인하는 중요한 일입니다.

'나'를 존중하는 사람이란?

1. 나를 굳게 믿고 나의 몸, 느낌과 생각을 소중히 아낍니다.
2. 나의 좋은 점과 나쁜 점을 '있는 그대로' 인정합니다.
3. 끊임없이 나를 변화시켜 가꾸어 갑니다.
4. 나와 남을 비교하지 않습니다.
5. 사람들 간에 우열을 따지지 않고 서로 다른 점을 존중합니다.
6. 나만의 일을 찾아 즐기고 있습니다.
7. 내가 나를 책임집니다.
8. 나에 대한 믿음인 나의 뿌리를 지속적으로 키워 갑니다.
9. 그는 이웃의 느낌과 생각을 존중하고 함께 도우며 살아가는 관계를 만들어 갑니다.

매너 지키기

매너 있는 행동은 나를 높이고 이웃을 존중하는 일입니다.

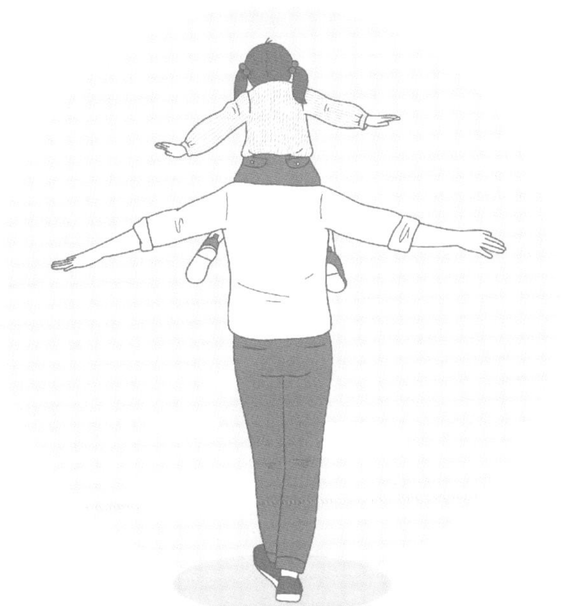

새 기운

봄을 맞이하여 새 기운이 돋아나고 있습니다.

아이들이 새로운 힘으로 자신의 길을 찾아 함께 서로 존중하며

조화롭게 살아가도록 탄탄한 자존감을 지니면 좋겠습니다.

1. 예의를 가르쳐 주세요. '미안해!' '고마워!' '미안합니다!' '고맙습니다.' '실례합니다.' 등 이웃이나 친구들에게 갖추어야 할 기본 예의를 어떻게 표현하는가를 엄마 아빠가 직접 모범을 보여서 가르치도록 하세요.

2. 아이가 엄마 아빠에게 말할 때는, 어른들의 말을 경청할 때처럼 주의를 집중하여 아이의 말을 들어주세요.

3. 아이에게 고맙다는 편지를 써서 보내도록 지도해 주세요. 칭찬을 받았거나 도움을 받았던 사람들에게, 칭찬받은 내용이나 도움을 받은 내용을 담아서 고맙다는 글을 써서 보내도록 해 보세요.

4. 피곤할 때는 나도 모르게 아이가 귀찮은 존재로 돌변하게 되어, 짜증 나는 언행으로 아이를 대할 경우도 있습니다. 그 마음이 순간이 아니라 지속된다면, 아이는 엄마 아빠로부터 버림받는 듯한 느낌을 받을 수 있습니다. 아이가 자신을 업신여기는 엄마 아빠를 만나게 되는 장면입니다. 그럴 경우, 시간이 지난 후에라도 엄마 아빠의 언행에 잘못이 있었다는 충분한 설명이 필요합니다.

5. 약속해 놓고 꾸물거리거나 서둘지 않아서 약속 시각을 지키지 못했을 때는 아이를 불러서 정식으로 약속 시각을 지

키지 않았다는 사실을 확실하게 일깨우고 다음에는 반드시 약속을 지키도록 타이르세요.

참 아름다운 사람

인생 최고의 용기는 나를 모욕한 사람을 품어 안아 관용하는 행동입니다. 사람마다 숨기고 싶은 치부가 있기 마련인데, 다들 혼자만 알고 그것을 보듬고 살아갑니다. 그것은 약한 인생의 모습입니다.

내가 나의 치부를 부득이 보듬고 살아가듯이 나에게 모욕적인 언행을 한 사람일지라도 그 모욕적인 발언이나 행동을 품어 안고 그 사람의 존재 가치가 귀중하다는 점을 깨닫고 사람의 가치를 소중히 받아들인 사람의 용기는 큰 용기입니다.

그는 진심으로 '나'라는 사람의 가치를 사랑하고 존중하듯이 모욕적인 언행을 한 사람의 존재 가치를 진심으로 소중하게 존중하는 사람입니다. 그는 참으로 나다움과 너다움을 절실하게 존중하고 사랑하는 사람입니다. 그는 큰 용기를 내서 큰 사랑을 실천한 사람입니다.

6. 어른을 뵐 때는 먼저 다가가서 자신의 이름을 대고 바른 자세로 눈을 마주치며 공손하게 인사를 하도록 지도해 주세요.

7. 사람을 대할 때 항상 '실례합니다.' '고맙습니다.' '미안합니

다.' '반갑습니다.' '어서 오세요.' '반갑습니다.' '안녕히 가세요.' '오랜만입니다.' 등 공손한 말을 쓰도록 하세요. 아이가 늘 지켜보고 있습니다.

8. 아이의 장점을 솔직하게 인정하고 존중해 주세요. 엄마 아빠가 아이를 존중하면 그것이 힘이 되어 학교생활도 활발해지고 밖에서 다른 어르신들께도 예의를 표하는 행동으로 이어집니다.

9. 도움을 받거나 친절하게 베풀어 준 친구나 사람들에게 반드시 '고맙다'는 마음을 표현하도록 하세요. 자신에게 좋은 일을 해 준 사람들에게 고마움을 표시함으로써 사람의 행동에 대한 소중함을 깨닫게 되며, 아이 스스로 남을 도와주고 배려하는 일이 보람이 있는 일이라는 점을 알게 됩니다.

10. 누구로부터 엄마 아빠가 찬사를 받았을 때는, 반갑게 '고맙습니다.'라고 말을 전하면서 웃음으로 응답해 주세요. 아이가 그런 엄마 아빠의 모습을 보고 고마운 마음을 표현할 수 있는 언행을 배울 기회가 됩니다.

11. 아이 친구들의 부모들과 함께 협조 관계를 만들어 방과 후나 주말을 활용하여 함께 놀기도 하고 함께 과제를 하면서 서로 협력 학습을 배우도록 해 주세요.

12. 아이의 선생님에게 특별한 일이 있을 때 고마운 마음을 표현해 주세요. 아이가 선생님에게 고맙다는 마음을 갖게 되고 선생님에게 더욱 친근한 마음을 갖게 됩니다.

제천간디학교의 자존감 교육

"사람을 사랑하고 도리를 지키면서 내가 누구인지 알고 스스로 삶을 개척하려는 정신, 나와 다른 사람 속에서 나를 잃지 않으면서도 협력하여 목표를 성취하는 기질을 가지고 자신이 잘 모르는 상황을 대면하더라도 위축되지 않고 스스로 학습하고 역량을 키워 어려운 일을 풀어 나가는 자세를 기르는 것을 학교의 목표로 삼고 있으면서, 시간을 누리며 자유롭게 성숙하며 평화로운 인간관계를 맺어 가는 사람은 행복감을 느낀다. 완벽하지는 않지만 지성과 덕성의 탁월함을 갖춘 시민으로 살아간다." (이병곤, 2022)

제천간디학교에서는 실제 사회에서 필요한 품성을 기르는 것을 학교 목표로 삼고 있고, 수업 실제에는 사람에 대한 무한한 신뢰와 기다림이 숨어 있습니다. 또한 학교를 운영하는 일이 힘들고 어렵다는 것도 숨어 있습니다.

여기 교육에서는 직접적으로 자존감이라는 용어를 표현하고 있지 않으나, '사람을 사랑하고 도리를 지키면서 내가 누구인지 알고 스스로 삶을 개척하는 정신, 다른 사람 속에서 나를 잃지 않으면서도 협력하여 목표를 성취하려는 기질을 가지고, 잘 모르는 낯선 상황을 마주하더라도 위축되지 않고 어려운 일을 해결하는 능력'을 강조하고 있습니다. '아무도 대신 운전해 주지 못한다. 불안정성과 위기감을 고스란히 겪어 보아야 스스로 인생을 운전할 수 있다.'는 학교의 모토는 길러야 할 중요한 덕목을 제시하고 있는 셈인데, 알 수 없는 어지럽고 복잡한 세상에 나가서도 자신을 굳게 믿고 주체적으로 공감력을 발휘하여 협력을 이끌어 내서 힘든 문제를 해결할 수 있는 사람을 기르는 것을 목표로 하고 있습니다. 간디학교에서는 무엇보다도 확실한 자존감을 기르는 것을 교육의 중심에 놓고 있습니다.

학교와 공부에 관한 이야기

배움에는 아이들마다 속도와 빛깔이 다릅니다.

어려움을 겪는 때가 있다

" 가망이 없어 보이는 고난 속에서 헤매는 때도 있겠지만,

언젠가는 나만의 멋이 빛날 때가 있을 거야!"

1. 아이가 학교에서 써 온 수필이나 이야기를 직접 고쳐 주려고 하지 말고, 아이가 직접 소리 내서 읽어 보면서 어색하거나 잘못된 곳을 발견할 수 있도록 도와서 스스로 고칠 수 있도록 안내해 주세요.

2. 교실에서 바르게 앉아서 선생님과 눈을 마주 보고, 선생님의 말씀을 깊이 듣고, 진지한 표정과 모습으로 선생님과 대화하도록 타이르세요. 학교 교실에서 자신의 존재감을 키워 가는 일입니다.

3. 새 학년이 되어 새롭게 만나는 친구들에 관해서 이야기해 보고, 서로 좋은 점을 찾아보도록 하세요. 아이의 말에서 좋은 점을 찾아 북돋아 주고 격려해 주세요. 서로 다른 점을 확인하고 존중할 수 있는 계기가 됩니다.

4. 필요하다면, 엄마 아빠가 수학문제 풀이, 글짓기, 언어 습득, 외국어 학습, 과학문제 풀이 등 학교 숙제에 관한 상담자가 되어 주세요. 아이가 요청하면 친절한 상담자가 되어 주세요.

5. 학교 선생님이 강조하는 가치나 성취하기를 바라는 것을 가족이 함께 공유하면서 지원해 주고 지지해 줌으로써 잘할 수 있도록 북돋아 주세요.

6. 엄마 아빠가 도서관 사서나 선생님에게 어떻게 도움을 받고 어떻게 과제 요청을 하는지를 보여 주고, 아이가 그들의 도움이 필요할 때에 어떻게 접근하는가를 알 수 있도록 도와주세요.

7. 학교 과제에 대해서는 아이가 다소 부족하더라도 어른들이 간섭하거나 개입하지 말고 스스로 전적으로 책임지고 해내도록 지켜봐 주세요.

8. 학교행사가 있을 때 학교 식당에서 아이와 함께 식사를 해 보세요. 아이의 공간에서 함께 일체감을 느껴 보세요.

9. 학교에서 무슨 일이 있었는지, 오늘은 기분이 어떤지 등 아이의 기분과 감정을 충분히 들어 주고 수긍해 주세요.

10. 엄마 아빠가 원하고 바라는 태도나 행동을 다룬 책을 가끔 아이에게 읽어 주기도 하세요.

노벨물리학상 수상자 나카무라 슈지의 자존감

나카무라 슈지는 청색 LED 실용화에 성공하여 2014년 노벨물리학상을 수상했습니다. 1954년 일본에서 가장 낙후된 지역인 시코구의 에히메현에서 태어나 그 지역의 작은 대학을 졸업하고 지방 중소기업인 니치아화학공업 개발과에 입사했습니다. 10여 년 동안 악조건 속에서 일하며 기존의 상식을 뛰어넘어 자신만의 방식으로 청색 LED 연구에 참여하여 500번 넘는 시행착오를 거듭한 끝에 세계 최초로 고휘도 청색 LED 개발을 성공시켰습니다. 그가 개발한 청색 LED는 에디슨의 백열등과 형광등을 뛰어넘어 21세기 새로운 조명 시대를 열었습니다. 스마트폰, 태블릿, 노트북 등 IT 기기의 혁신을 가능케 했습니다. 그는 2008년에 미국 조명업체 소라(Sorra)를 공동 창업했고, 2010년에는 서울 반도체의 기술고문으로 활동했습니다.

그의 저서 『끝까지 해내는 힘』(2015)에서, "자신을 믿고 힘차게 앞으로 나아갈 용기만 있다면 꿈은 현실이 된다. 자신이 잘 해낼 거라고 믿는 사람은 어떤 일에도 적극적인 자세로 몰두한다. 실패조차 플러스 요인으로 바꿔 버리기도 한다. 벽을 기어 올라가서라도 끝까지 해내라. 서툴러도 괜찮다. 어쨌든 하나를 완성하는 일이 가장 중요하다. 독창적인 방식을 관철하는 데 겁먹을 필요는 없다. 남들이 뭐라고 하든 당당하게 밀고 나가면 된다."라고 자신의 인생철학을 밝히고 있는데, 여기서 그의 높은 자존감을 확인할 수 있습니다.

11. 아이에게 특별한 학습이 필요하다는 생각이 들면, 새로운 선생님을 찾아서 학교 수업을 성공적으로 수행할 수 있는 요령이나 방법을 상의하여 도움을 요청하기도 하고 새로운 기회를 제공해 주세요.

12. 아이가 배우게 될 역사나 과학 등 교과목의 단원에 해당되는 학습 내용을 보충할 수 있는 책이나 동영상을 찾아 보여

주세요.

13. 아이가 학교 공부 이외에 새로운 것에 도전해 보도록 권해 보세요. 방학 중에는 태권도, 택견, 축구, 컴퓨터, 요리, 탁구 등 다양한 활동을 접해 보도록 하고 새로운 주제에 관한 책을 읽도록 독려해 주세요.

14. 교사와의 대화 또는 학부모와의 대화 속에서 미처 알지 못했던 아이의 약점을 찾아보세요. 말버릇에도 약점이 있을 수 있고, 읽기에도 약점이 있을 수 있고, 친구와 어울리는 일에서도 약점이 있을 수 있고, 사물을 바라보는 관점이 왜곡되어 있을 수도 있습니다. 찾아서 바로잡아 주세요. 그러나 엄마 아빠가 감독해야 한다는 뜻은 아닙니다. 보살피면서 자연스럽게 드러난 약점이 보일 때가 있습니다. 조심스럽게 기분이 상하지 않게 이야기해 주세요.

15. 성적을 올리는 데 집중하여 공부하기를 강요하기보다는 아이가 각 단계마다 열심히 재미있게 학습할 수 있도록 도와주세요. 자기 일을 스스로 챙기는 행동과 모습을 칭찬해 주고 격려해 주세요.

16. 학교에 갈 때나 운동을 하러 갈 때 승용차를 함께 타고 간다면, 동승자와 함께 '말 이어 가기 게임'을 하거나 즐거운

이야기를 하거나 재미있는 노래를 불러 보도록 하세요.

17. 아이에게 도서관증을 만들어 주고 자주 도서관을 이용하도록 격려해 주세요.

18. 학교에서 하는 학부모 행사나 회의에 참석하세요. 아이의 학교생활에 관심을 보이는 일이며 아이에게 힘을 보태 주는 일입니다.

19. 긴 시간이 필요하겠으나, 아이 자신만이 지닌 공부 방식을 스스로 찾아내도록 도와주세요. 아이가 그것을 터득한다면 학교생활을 즐겁고 재미있게 할 뿐만 아니라 자존감을 확실하게 얻게 될 것입니다.

20. 학교의 숙제로 소설을 읽거나 도서를 읽어야 할 때는, 함께 읽어 가면서 좋은 이야깃거리를 만들어 보세요.

불안을 해소해 주는 일이 교육의 한 기능이다

교육이란 아이에게서 불안한 것들을 없애 가는 과정이기도 합니다. 낯선 사람이나 낯선 것에 대한 불안, 아직 미지의 세계에 대한 불안, 모르기 때문에 갖는 불안 등을 없애고 줄여 가는 과정이 교육일 수 있습니다. 그런데 이러한 크고 작은 불안은 살아가는 동안 늘 부딪치는 흔한 일들입니다. 이에 억눌리지 않고 느긋하고 차분하게 대할 수 있는 힘과 자세가 필요한데, 무엇보다도 '나'에 내한 믿음을 갖고 나를 이겨 낼 수 있는 힘이 뒷받침되어야 합니다.

21. 학교 가기 전에 준비 사항이 사소한 것이라도 엄마 아빠가 함께 도와주세요. 필요하면 함께 사러 가기도 하면서, 학교에 가서 할 일에 관한 여러 이야기를 하고 함께 시간을 만들어 보세요.

22. 아이들은 수많은 질문을 품고 있습니다. 아이들은 보통 열다섯 살까지 50만 개의 질문을 한다고 합니다. 아이가 질문을 할 때가 바로 배움을 키우는 순간입니다. 아이가 물어보는 질문에 적극적인 관심을 가지고 자상하고 따뜻하게 응해 주세요.

23. 아이의 선생님이나 교장 선생님에게 존경하는 마음을 표하세요. 이를 아이도 엄마 아빠의 행동을 따라 하며, 학교생활을 더 열심히 하게 되는 계기가 됩니다. 선생님의 교육적 권위를 존중할 때에 아이의 교육 효과를 올릴 수 있습니다.

24. 아이가 선생님과 좋은 관계를 유지할 때 학교생활에서 안정감을 얻게 되고, 활발한 활동을 하는 데 도움이 됩니다.

25. 조심스럽습니다만, 아이의 학교생활기록부를 열람할 기회를 갖기 바랍니다. 학교생활에서 아이가 긍정적으로 성장할 수 있는 면을 부정하거나 깎아내리는 기록이 있다면, 건전한 자존감을 형성하는 데에 크나큰 방해 요소가 되고 장래의 밝은 삶을 막는 요소가 되므로 재고해 달라는 요청을 할 필요가 있습니다. 그러나 충분하게 예의를 갖추고, 선생님의 의견을 깊이 경청하고 존중하세요.

26. 학교생활에서 아이에게 부정적인 딱지가 붙지 않도록 해야 합니다. 자신이 달성할 수 있는 아이의 모습에 관해서 밝은 자기예언력을 가질 수 있도록 해 주세요. 엄마 아빠가 해 주어야 할 큰 과제입니다.

27. 아이의 좋은 점과 관심 분야를 학교 선생님과 공유할 수 있는 기회를 가져 보세요. 학교에서 다루는 주제나 활동과 아이의 관심거리를 연결하는 마음을 선생님이 가질 수 있는 기회가 된다면, 학교에서 선생님의 관심과 배려가 커지게 되어, 아이의 자존감을 향상시키는 데에 도움이 될 수 있습니다.

28. 유치원이나 학교를 졸업할 때에 기념이 될 만한 사진, 가족 행사, 선물 등으로 추억거리를 만들어 주세요.

29. 아이가 학교에 다니기 시작할 때에 담임선생님과 상담하여 아이가 학교생활에 잘 적응할 수 있도록 지원해 주세요.

30. 아이의 학교에 엄마 아빠가 관심을 가지세요. 일주일에 한 번, 또는 한 달에 한 번, 또는 한 학기에 한 번 정도로 학교의 일에 참여할 기회를 찾아서 아이의 학교 활동에 관심을 가져 보세요. 아이의 일에 엄마 아빠가 관심을 갖게 되면 아이가 그만큼 자기 일을 더 잘하려고 노력하게 되며 자존감을 높이는 데에 도움이 됩니다.

엿장수가 된 학사

"번듯하게 대학 졸업하고 직장 다니던 막내아들이 '저도 엿 팔라요.' 하고 회사를 때려치우고 아버지 밑에 들어왔다. '내가 그놈을 죽이고 싶었슈.' 죽어라고 돈 벌어서 공부시켰더니 한다는 얘기가 엿장수 하겠다는 것이니. 그런데 엿판에 뛰어든 지 4년 된 2006년, 자그마치 2억 원어치를 팔았다. 충청북도 청주시 운천동 '윤팔도 전통 엿' 이야기이다."(박종인, 2008, p. 103).

나 자신을 굳게 믿지 못하면 해낼 수 없는 일입니다.

31. 학교의 큰 행사에 참여하지 못하면 다른 학부모에게 동영상 촬영을 부탁해서, 주말을 활용해 그 동영상을 집에서 아이랑 함께 보면서 이런저런 이야기를 나누는 시간을 가져

보세요.

32. 유치원이나 학교에 갈 때 시간을 내서 책가방을 챙겨 주고 보살펴 주고 집에 돌아왔을 때는 '힘들었지!' '잘 다녀왔구나!' 하면서 격려해 주세요.

33. '엄마 아빠가 오랫동안 학교를 가 보지 못했어. 학교생활에서 무슨 어려움은 없니? 엄마 아빠가 도와줄 것은 없을까?' 하는 식으로 질문을 시작해서 아이에게 있을 수 있는 새로운 점들을 찾아 함께 이야기해 보세요.

34. '성적 높이는 일'이나 '등수를 올리는 일'에 관심을 기울이기보다는, 재미있게 공부하고 학습하는 것 자체에 더 관심을 가지고 봐 주세요.

35. 공부하는 요령을 알려 줌으로써 스스로 공부에 재미를 갖도록 지원해 주세요.

36. 학교 수업에서 아이가 받을 만한 점수를 제시하고, 그것에 도달할 수 있도록 격려하고, 또 그 목표에 도달할 방법과 절차를 알 수 있도록 도와주고 안내해 주세요.

37. 아이의 학교에 도시락을 전해 주기도 하고 빠뜨린 물건을

가져다주기도 하면서 자연스럽게 학교 교실을 방문해서, 아이가 학교에서 무엇을 하는지, 아이가 좋아하는 것이 무엇인지를 알아보세요.

38. 학교에서 어떤 일을 잘했을 때, 그 날짜를 써서 서류철을 만들거나 파일에 붙여 두었다가 가끔 그것을 아이에게 보여 주면서 또박또박 읽어 주세요.

39. 공부하는 일은 외부에서 주어진 고통을 견뎌 내는 피동적인 일이 아니라 생생한 현실의 삶을 헤쳐 나가기 위한 실질적인 주체의 행동이며, 끝내는 '나'의 존재 가치를 깨달아 이를 소중히 존중하며 자신의 길을 선택할 수 있는 권리입니다. 그것은 행복을 찾는 일이며, 더 깊이 세상을 사랑할 권리를 실현하는 것입니다.

필즈상 수상자 허준이의 자존감

수학의 노벨상인 필즈상을 받은 허준이 박사는 늦게 자신의 길을 찾은 사람 중 한 사람인데, 어린 시절 구구단을 외우는 것이 버거웠고 수학에 큰 관심은 없었던 사람입니다. 시인이 되고 싶다는 마음에서 고등학교를 자퇴한 뒤 도서관을 드나들면서 문학 서적 읽기에 탐닉했으나 한계를 느끼고 다시 과학에 관심을 두기 시작, 학업에 집중해 검정고시를 거쳐 서울대학교에 진학했고, 물리학과 수학을 복수전공했습니다. 대학 수업에 적응하기 어려워 6년을 다녔는데, 5년째 되던 해에 필즈상 수상자 헤이스케 히로나카 교수의 강의를 수강하면서 수학에 관심을 두게 되었습니다. 남들보다 속도는 더뎠지만, 박사 학위를 받았을 때는 미국의 이름난 여러 대학에서 교수로 오라는 요청을 받았고 끝내는 필즈상을 거머쥐었습니다.

그는 서울대학교 졸업식(2022년 하기 졸업식) 축사에서 길 잃음의 연속인 자신의 부끄러운 대학생활을 회상하며 졸업생에게 하루하루 충실한 삶을 이끌어 가, 낯설지만 마침내 성공한 자신의 모습을 맞이하기를 바란다면서, 마무리 말로 '아이를 키우듯이 서로에게 친절하고 자신을 친절하게 돌보아 주기를 바란다.'고 했습니다. 또 다른 재학생들과의 모임(2022년 7월 27일)에서는, 근거 없는 자신감과 자신을 믿고 직감을 얻어 자신의 방식을 찾아 끝까지 해내는 기질이 동력이라고 밝히고 있습니다. 그는 뒤늦게 찾았으나 수학을 즐거워서 한다고 합니다.

그가 말한 '근거 없는 자신감'은 '나'라는 존재를 굳게 믿기 때문에 나올 수 있는 자신감이며, '스스로에게 친절할 수 있어야 한다.'는 것에는 '나'를 존중하고 아이를 돌보듯이 친절히 보살피는 것이 소중하다는 메시지가 들어 있는데, 성공적이지 못한 대학 시절과 적응이 어려웠던 고등학교 교육을 거치면서 겪었던 심리적 아픔 속에서 얻은 인생 철학으로 보입니다.

인생살이에서 소중한 가치, '나에게 친절하라.' 그리고 '서로에게 친절하라.'와 '남에게 인정받기 위한 삶보다는 자신의 내면적 보람을 얻는 일을 찾아라.'라는 메시지는 오랫동안 자신을 돌보지 못한 점에 대한 반성이기도 하며 서로 존중하는 삶이 소중하다는 점을 강조하고 있습니다. 허준이 교수는 '나'를 찾기까지 '나'

에 대한 굳은 믿음과 존중을 강조하고 있습니다. 이런 긴 과정에 좋지 않은 학교 성적, 고등학교 중퇴, 좋은 대학에 들어갔으나 적응에 어려움을 겪은 대학생활을 지켜봐 주고 기다려 준 부모의 믿음과 기다림이 뒷받침되어 있습니다.

나다움과 너다움의 어울림

나다움과 너다움이 함께한 곳에 무한 상생의 활력이 있습니다.

모두가 어울려 있다

자연은 늘 함께 어울려 있습니다.
자존감을 잘 갖춘 아이들은 이러한 자연의 모습처럼 함께 존중하고
어울려 상생하며 살아갈 수 있을 것입니다.
성숙된 자존감은 이렇게 서로를 아끼며 존중하게 합니다.

1. 자기애는 나를 지키고 나를 살아가게 하기 위해서 필수입니다. 그러나 자기애에만 빠져 있을 때는 남들을 제대로 볼 수가 없으며, 타인을 배려하고 사랑한다는 것조차 모릅니다. 그런데 '나'는 이웃의 도움이 없이는 살아갈 수가 없는 존재입니다. 이웃의 소중함을 깨달을 때 비로소 이웃을 배려하고 타인을 사랑하는 일이 중요합니다. 결국에는 자기애를 벗어나 '나'라는 틀을 깰 수 있을 때, 남을 온전히 인정하고 사랑할 수 있게 됩니다.

2. 우리 모두는 내가 존중받기를 원하고 또 존중해 달라고 요구할 수 있는 권리가 있습니다. 내가 존중받고 싶듯이 이웃 모두도 존중받고 싶어 합니다. 나와 같은 이웃을 존중해야 합니다.

3. 존재는 존재할 뿐 이유가 없습니다. 묵묵한 바위가 까닭이 있어 거기 그렇게 서 있는 것이 아닙니다. 존재는 아름답습니다. 아름다워서 아름다운 것이 아니라 존재 스스로 아름다울 뿐입니다. 존재는 고요합니다(한정식, 2021년 사진전 작가 노트).

4. 성인(聖人)은 자신의 감정을 갖지 않으며, 모든 사람의 감정이 그의 감정입니다. 그는 선한 감정도 선한 마음으로, 악한 감정도 선한 마음으로 맞이합니다(Tolstoy, 2020b, p. 238).

5. 나는 세상과 조화를 이룰 때 더 편합니다. 나의 색깔을 분명히 찾고 그것을 서로 존중하는 관계 속에서 조화를 찾을 수 있습니다. 나는 남과 합일된 상태에서 더 큰 행복을 누릴 수 있습니다. 나만의 틀을 벗어나 나와 남이 함께 조화를 이룬 상태가 되었을 때 더 행복감을 느낍니다. 그런데 나를 찾는 일이 왜 중요할까요? 나의 색깔이 분명하지 않을 때는 남과 조화를 이룬다기보다는 흡수되고 맙니다. 흡수된 상태에서는 '나'라는 존재가 없습니다. 흡수가 아닌 조화 속에서 서로가 존중을 받고 상생하며 만족을 얻을 수 있습니다.

6. 모든 이를 존중하세요. 아이는 특히 더 존중하고 그 순수한 영혼을 더럽히지 않도록 조심해야 합니다(Tolstoy, 2020b, p. 115).

7. 말을 하면서 자신을 의식하면 생각의 실마리를 놓치게 됩니다. 자신을 완전히 잊고 자신을 벗어났을 때 비로소 우리는 타인과 유익한 소통을 할 수 있고 그들에게 도움을 줄 수 있습니다(Tolstoy, 2020a, p. 145).

8. 사람을 편하게 하는 사람들은 자기 생각을 쉽게 드러내지 않습니다. 그는 자연의 흐름을 거역하지 않습니다. 자연의 변화를 받아들이며 거기에 순응하며 겸손을 터득합니다. 자존감이 높은 사람은 자신에게 순종하며 자신의 내면적

흐름에 충실합니다.

9. 너와 나 사이의 관계를 잇기 위해서는 너와 나 사이의 경계가 반드시 지켜져야 합니다.

10. 자존감은 행복한 삶의 기본이자 필수 요소입니다. 자신에게 숨겨진 자신만의 빛깔을 찾아내는 어려운 일을 이겨 내야 하는 과정에 많은 수련이 요청됩니다. 나를 소중히 여긴 만큼 남도 소중히 여길 수 있을 때 사람 존중이라는 가치를 실현할 수 있습니다. '나'라는 사람을 존중하는 일은 곧 남을 그렇게 존중하는 일과 같은 것이니, 결국에는 나를 잊고 남과 하나 되는 경지에 이르게 됩니다. 참으로 건전한 자존감을 지녔다면 나와 남이 하나 되는 아름다운 무아의 경지일 것입니다.

자존감의 영어 표현

자존감을 영어로는 보통, Self-Esteem으로 사용하나, Esteem에는 평가의 개념이 포함되어 있어서 자존(自尊)과는 좀 다른 뜻이 포함되어 있으나 이미 Self-Esteem이 많이 사용되고 있습니다. 자존감을 더 적절하게 표현한 영어는 Self-Dignity, Self-Importance(영국 철학자 Bertrand Russell의 표현), Self-Respect, Self-Regard가 있습니다.

자존감의 끝은 결국, '나다움', '나됨'에 이르는 것이라고 볼 수 있는데, 이를 영어로는 I-Ness(Erich Fromm의 표현)이 있고, I-Hood 또는 Being Myself란 용어가 있습니다.

나의 울림

강승규

지난날의 상처들이 지금의 '나'를 만드는 밑거름이 되었다.
마음에 남아 있는 상처들이 '나란 사람'을 있게 만들었다.
옛일을 탓한들, 지금 '나'에게 달라질 게 뭐가 있겠는가!
가슴에 응어리져 남아 있는 그 상처를 보듬자!

나를 아끼고 사랑하는 일만큼 더 큰 일은 없다.
'지금 여기 있는 나'를 내가 믿지 못하고 존중하지 못한다면,
나는 이 세상에 그 어떤 것도 바르게 존중할 수 없다!
'지금 여기 있는 나'란 존재가 소중하다.
'나'를 믿고 존중하자!

남의 거울이 아닌 나의 거울에 비친 나를 보자.
남들이 나를 싫어할 수 있다. 그러나 그것은 자연이다.
내가 행복해야 이웃이 행복하게 살도록 도울 수 있다.

내가 해야 할 일

강승규

사람으로 태어나서 해야 할 일이 무엇일까요?

첫째, 자신의 가치를 발견하는 일
둘째, 자신의 가치를 잘 가꾸어 나가는 일
셋째, 그 소중한 가치를 지속적으로 실현하는 일입니다.

'나'는 어떤 가치가 있을까요?
그것은 어느 누가 찾아 줄 수 없습니다.
자신만이 찾아낼 수 있는 일입니다.

살아가는 길에는
재미있고 즐거운 일도 있으나
어렵고 힘들 때도 있습니다.

시련을 이겨 내지 못한다면
결국 '나'의 삶을 포기하는 꼴이 되어 버립니다.

포기할 수 없게 하는 힘!
그것이 무엇일까요?

바로
그것은
'나'의 존재 가치를 굳게 믿는 데서 나옵니다.

하는 짓은 밉더라도 사람은 미워 말라

강승규

느낌과 생각이 나와 다를 경우에도 그를 인정할 수 있을 때
'사람을 존중한다'란 말을 쓸 수가 있다. 맞다.

내 느낌이나 생각과 반대될 때
대개의 경우에는 싫어지고 미움으로 전환되고 만다.
그러나 이때에도 '사람존중'이란 가치는 여전히 소중하다.

더욱이 나의 생각과 반대되고 이해관계가 맞부딪칠 때에는
그 미움이 더 깊어질 수 있다.
그러나 이 경우에도 여전히 '사람존중'이란 가치는 소중하다.

사람의 언행 너머에는 '사람의 가치'가 존재한다.
그 존재가치를 우리는 존엄성에 포함시키고 있다.
'사람은 존엄하다'는 가치는 늘 소중하다.

사람의 언행은 싫고 미워질 수는 있을지라도
'사람을 미워해서는 안 된다'는 말은 늘 지켜져야 한다.
이 가치를 지킬 때 우리는 서로 정을 느끼고 편한 사이가
되어 간다.

참고문헌

강승규(2008). 학생의 삶을 존중하는 교사: 교직소양. 서울: 동문사.

강승규(2009). 나다움, 어떻게 찾을까!(3판). 서울: 학지사.

김성민(2012). 누구나 쉽게 이해하는 사진강의노트. 서울: 소울메이트.

김용옥(2021a). 동경대전 1: 나는 코리안이다. 서울: 통나무.

김용옥(2021b). 동경대전 2: 우리가 하느님이다. 서울: 통나무.

박종인(2008). 한국의 고집쟁이들. 서울: 나무생각.

손웅정(2021). 모든 것은 기본에서 시작된다: 실력도 기술도 사람 됨됨이도, 기본을 지키는 손웅정의 삶의 철학. 경기: 수오서재.

윤홍균(2016). 자존감 수업: 하루에 하나, 나를 사랑하게 되는 자존감 회복 훈련. 서울: 심플라이프.

이병곤(2022). 가르칠 수 없는 것을 가르치기: 제천간디학교 교장 이병곤의 교육에세이. 경기: 서해문집.

이인수, 이무석(2017), 누구의 인정도 아닌: 타인의 인정으로부터 자유로워지는 연습. 경기: 위즈덤하우스.

전지은(2012). 어린이를 위한 바보 빅터: 17년 동안 바보로 살았던 멘사 회장의 이야기. 서울: 한국경제신문 한경BP.

정여울(2016). 공부할 권리: 품위 있는 삶을 위한 인문학 선언. 서울: 민음사.

한정식(2006). 사진, 예술로 가는 길. 서울: 눈빛.

혜민(2012). 멈추면, 비로소 보이는 것들: 혜민 스님과 함께하는 내 마음 다시보기. 서울: 쌤앤파커스.

가타야나기 히로시(2017). 마더 테레사의 따뜻한 말 한마디. (김혜영 역). 서울: 에스파스.

나카무라 슈지(2015). 끝까지 해내는 힘: 세상의 상식을 거부한 2014노벨 물리학상 수상자 나카무라 슈지 이야기. (김윤경 역). 서울: 비즈니스북스.

Dewey, J. (1916). *Democracy and education: An introduction to the philosophy of education*. New York: Macmillan Company.

Flitner, A., & Scheuerl, H. (2012). 사유하는 교사: 교육학적 성찰을 위한 안내서. (송순재 역). 서울: 내일을 여는 책.

Fuller, C. (1994). *365 ways to build your child's self-esteem*. Colorado Springs, CO: Pinon.

Patsch, I. (2008). 직감: 인생을 지배하는 자기 신뢰의 힘. (강희진 역). 경기: 청아출판사.

Posada, J. de., & Joe, R. (2011). 바보 빅터: 17년 동안 바보로 살았던 멘사 회장의 이야기. (편집부 역). 서울: 한국경제신문.

Schiraldi, G. R. (2001). *The self-esteem workbook*. Oakland, CA: New Harbinger Publications.

Schiraldi, G. R. (2007). *10 simple solutions for building self-esteem: How to end self-doubt, gain confidence, and create a positive self-image*. Oakland, CA: New Harbinger Publications.

Tolstoy, L. (2020a). 인생독본 1. (박형규 역). 경기: 문학동네.

Tolstoy, L. (2020b). 인생독본 2. (박형규 역). 경기: 문학동네.

저자 소개

강승규(Seung-Gyu Ghang)

고려대학교 교육학과 졸업(1973)

고려대학교 대학원 졸업(교육학박사, 교육철학전공 1990)

우석대학교 교육학과 교수(1979~2013)

미국 오하이오 주립대학교 교환교수(1987~1989, 2001)

한국교육학회 이사(1991~1992)

미국존듀이학회 회원(2001~2002)

대통령자문 교육혁신위원회 상임위원(2004~2006)

전국대학원장협의회 이사(2006~2008)

우석대학교 대학원장(2006~2008, 2012~2013)

전북학교운영위원협의회 회장(2007~2010)

우석대학교 사범대학 학장(2010~2013)

전국사립사범대학장협의회 회장(2012~2013)

개인사진전시회 '따로 함께' 2회(2019년 10월, 11월)

현 우석대학교 명예교수(교육철학)

(사)한국사진작가협회 정회원(2016~)

예술인(사진가) 한국예술인복지재단(2022년 1월 1일 이후)

〈대표 저서〉

학생의 삶을 존중하는 교사: 교직소양(동문사, 2008)

나다움 어떻게 찾을까!(3판, 학지사, 2009)

교육의 역사와 철학(3차 개정증보판, 공저, 동문사, 2020)

Email: seunggyu3@gmail.com

http://www.facebook.com/seunggyu.ghang

우리 아이 자존감 키우기

내가 '나'의 주인이 되는 아이로 키우자

2023년 5월 25일 1판 1쇄 인쇄
2023년 5월 30일 1판 1쇄 발행

지은이 • 강승규
펴낸이 • 김진환
펴낸곳 • ㈜학지사
04031 서울특별시 마포구 양화로 15길 20 마인드월드빌딩
대표전화 • 02-330-5114 팩스 • 02-324-2345
등록번호 • 제313-2006-000265호

홈페이지 • http://www.hakjisa.co.kr
페이스북 • https://www.facebook.com/hakjisabook

ISBN 978-89-997-2894-5 03370

정가 13,000원